99%が後悔でも。

TAKEHIKO ORIMO
折茂武彦・著

はじめに

年齢を重ねるごとに知ることはたくさんある。

それによって、人は大きく変わる。

一方で、変わらない大事なものにも気づく。


過去をどう捉えるべきか。例えばいま、充実した日々を送っていたとして、過去に対して後悔をすることはあるだろうか。過去があったからいまがある、と思う人のほうが多いのではないか、と思う。

一方で、いまとてもつらい思いを抱いていたとして、過去に後悔の念を覚えていても、それを解決するために未来を待ち続けるのはもっとつらい。何か、手を打たねば、つらいいまは変わらないからだ。

正解はわからない。

ただ、もしそうだとすれば、「いま」にフォーカスし続けるしかないのではないか。

わたしはいま、経営者をしている。

レバンガ北海道という、その名のとおり北海道をホームタウンとするBリーグ――男子プロバスケットボールリーグに所属するチームの社長だ。２０１１年にチームを率いることになり（正確にいうとこのときは社団法人だったので理事長で、２年後の２０１３年に株式会社化した）、現在にいたるまでジェットコースターのような日々を経験してきた。

この本を書いている現在（２０２０年７月）も、新型コロナウイルスの感染拡大という未曽有の事態に直面し、経営の課題は山積だ。

ただそれでも、未来に対して思い悩むことはそれほど多くはない。

そもそもの性格もあるし、いまに必死だからだ。

データや情報があふれる現代は、それを緻密に精査していけば、「そうなるであろう」可能性の高い未来を予測できるのかもしれない。

ただし、それが本当にそうなるという保証まではしてくれない。

もし、想像もしないようなことが起きて、それが外れたとき、その未来にかけた人はどうやって自分に折り合いをつけるのだろうか。

事実、想像もしないようなことは起こり得る。それをわたしは自分自身の人生で、身をもって知った。

チームを率いる覚悟を決めた2011年に東日本大震災、27年続けた現役を引退しラストシーズンと宣言した――わたしは、プロバスケットボール選手でもあった――2020年には新型コロナウイルスによるパンデミック。

コントロールできない危機はいつだって、いきなりやってくる。

それだけではない。

バスケットボール選手として49歳までプレーすることも、リーグ通算10000得点という記録（※帰化選手が2名達成したのみ）を達成することも、北海道で最後を迎えることも想像すらしたことがなかった。

ましてや経営者になることなんて……そこからとにかく頭を下げて「お金を貸してください」と歩き回る日々が来ることも、2億を超える借金をすることも、（寂しがり屋の自分が）誰にも会いたくないほどの苦しみを味わうことも。

すべては「いま」にフォーカスをし続けて、現在がある。

そして現在のわたしを客観的に見れば、その内面性すら大きく変わった。それこそがもっとも想像できなかったほどの変化。

北海道に移籍してきたのは2007年のこと。当時、37歳。

すでにベテランで、バスケットボール選手として、14年の経験を積んでいた。その間、生活の拠点は東京。チームは日本を代表する企業・トヨタ自動車のバスケットボール部。いま、もっとも人気のあるBリーグチームのひとつ、アルバルク東京の前身である。

14年間、自分で言うのは憚られるが、日本バスケットボール界のトップを走り続けてきた。その自負もあった。

一方で、人としては相当な「やんちゃ」でもあった。バスケットボールができればいい。チームが強くなればいい。他人は関係ない。朝までお酒を飲んだって結果さえ出せば、なんでもOK。

それがいま、まったく違う思いを抱いている。過去の自分を恥じたくなるような、そんな思いを持ち、そして他人への感謝を忘れず、チームが勝つことを優先するようになった。その思いについてはこの本の中で触れていきたいが、大きなきっかけは北海道に来たことだった。

ただ、ここで冒頭の疑問に思い至る。

過去をどう捉えるべきだろうか。恥じたくなる、と書いたけれど、そうでなければ良かったのか。それとも、あの経験があったから、いま他人へ感謝できるわたしがいるのだろうか。

答えはわからない。

過去を否定したくはない、という思いがある。

ただ、若い選手にあれだけのことを勧めるかといえば……「度は過ぎないように」とは言うだろう（つまり、わたしは度が過ぎていた）。

結局、この答えがどうであれ、重要なことは「いま」にどれだけフォーカスできるかにかかっている。やっぱりここに行き着く。

ずいぶんと変わったわたしではあるけれど、変わらなかったこともある。

そのひとつに「勝ちたい」「バスケットボール界を変えたい」という思いがある。これだけは、北海道に来る前も、来てからも変わらない。

この本では、「いまにフォーカス」し続けたわたしが、どう変わり、どう変わらなかったかをストーリーの軸にしながら、「いま、信念としてもち続けていること」を綴っている。

バスケットボール選手として27年。

バスケットボール選手兼経営者として9年。

ひとりの経営者として、1年目。

あったことだけを振り返ると、よくもまあこんな人生を送ってきたものだな、と我ながら思う。

はじめに

第1章 選手で社長、バスケットボールと経営

「信頼」獲得の肝は自分の中にある

第2章

勝者のメンタリティ

人生の99%が後悔でもいい

第3章

必要とするより、されろ

チームに、人に「必要とされる」ものであれ

◇　◇　◇

◇　◇　◇

◇　◇　◇

第4章 返す

「やる、やらない」は覚悟「続ける、続けない」は情熱

◇ ◇ ◇

第5章 2019

「自分の形」は無駄を省いた所にある

第6章

日本バスケットボール界の未来

「ない」中で勝ち筋を探す

第1章
選手で社長、バスケットボールと経営

2007年、降り立った北海道。
それまでは日本バスケットボール界が誇る「スコアラー」であり、
業界の常識に徹底的に反発し続ける「異端児」だった。
じゅうぶんなストーリーを紡いできたようにみえたが、
その後の13年は、そのストーリーをはるかに凌駕する日々に直面する。
つらいことはたくさんあった。
給料未払い、チーム崩壊、除名
クラブ立ち上げ、資金難、債務超過、病気、コロナ直撃……。
しかし、そこで学んだことも多くあった。

「人」より前に「お金」を考えない

チーム運営に欠かせない「二本の柱」

スポーツチームの収益は、試合による興行収入とチームを支援してくれる企業などのスポンサー収入が二つの柱となり、そこにグッズやファンクラブ、試合以外のイベント収入などが加わる。

わたしが社長を務めるレバンガ北海道を例にとれば、2019年6月（第9期）は広告料（スポンサー収入）が39％、興行収入が28・7％で、この二つだけで全体の67・7％、約7割を占めている。

総売上が7億9012万9281円だから、3億円強が広告料で、2億2000万円程度が興行（試合における収入）で賄われている。

これはほかのプロスポーツチームもおおよそ似通っていると言っていい。

プロ野球の球団であればその桁が二桁、Ｊリーグの１部（Ｊ１）クラブは一桁程度違うであろうが、大まかな収益源は変わらない。加えられるとすれば、プロ野球やＪリーグには放映権が「もうひとつの柱」として入ることとくらいだろうか。

Ｂリーグも、Ｊリーグと同じように、放映権をリーグが一括して契約しており、その分配金が存在する。しかし、チームの成績などに連動する傾斜配分となっており、「柱」と言えるほど数字を見込めていないのが現実である。

いずれにせよ、われわれは試合を見に来てくれるファン（バスケットボールではそのチームを応援する彼・彼女らのことをブースターと呼ぶ）の存在と、スポンサーがいてこそ成立するのである。

そういう意味で、２０２０年に起きた新型コロナウイルスの感染拡大は、大きな痛手だった。

２０１９－20シーズンがすべてを消化できずに終了したことで、チケット収入やグッズの売上などが見込めなくなり、その損失は１億円程度になった。

自分の話で恐縮だが、シーズン前にはわたしの引退が発表され、「引退試合」やそれにまつわるイベントなどの仕掛けも仕込んでいた。結局、引退試合もできず——チームはなんとか2021年に行なおうと画策してくれている——現在に至っている。

先ほども書いたとおり、われわれのクラブの売上規模は8億円弱である。その1億円がどのくらい大きいか、想像していただければわかるだろう。

スポンサー企業の苦境

では、もうひとつの柱であるスポンサー収入はどうだったか。

おいおい触れていくことになるが、わたしたちは北海道と共に歩んでいる。

クラブスローガンは、「北海道から明日の〝ガンバレ〟を。」。

北海道をより魅力的な場所にしていくこと、その素晴らしさを発信することで、日本中に「ガンバレ」（レバンガは、このガンバレ・頑張れを反対から読んだもので、公募で決めた名前である）を届けられると思っている。

ブースターはもちろんのこと、地元を支える企業にもその思いは及ぶ。

われわれのことをスポンサードしてくださる企業は第9期時点で250社あった。その約9割が地元だ。

新型コロナウイルスの感染拡大によって緊急事態宣言の対象区域が全国に拡大されたことで、人の流れが止まった。当然、われわれをスポンサードしてくれている多くの企業が苦境に陥るだろうことが予想された。

事実、近年好調だった訪日外国人（インバウンド）はゼロとなり、北海道の経済を牽引《けんいん》してきた観光業は深刻なダメージを受けている。

飲食業も同様だ。国内有数の繁華街である札幌・ススキノを訪れる人もめっきり減った。団体客の姿はまったくない。多くの飲食店などが休業を決めた。

当然、観光バスやタクシーもこれまでのように稼働できなくなった。

レバンガ北海道のユニフォームスポンサーのひとつが、ホテル旅館経営道内大手の「野口観光」だ。ほかにも、飲食業を営む会社など、われわれに協賛してくれている人たちの顔がたくさん浮かんできた。

シーズン途中での終了が発表された直後、受けた取材で聞かれた。

――クラブの経営はどうでしょう。

「厳しいです。今シーズンはどうにかなる。けれど、この状況が来シーズンの開幕まで続くとなると、ちょっとどうなるかわかりません」

正直にそう答えた。

書いたとおり、この時点で興行における損失はある程度が見えていた。見えなかったのが、スポンサーの反応だった。ただし、人の姿のないススキノを見て、厳しいだろうことは想像できた。

加えて、われわれ自身もスポンサーにネガティブな報告をせざるを得ない。なにせ見込んでいた1億円以上の売上がなくなっているのだ。

来シーズンはわからない——つまり、シーズンが終了して来シーズンが開幕するまでの約半年で、どれだけスポンサーが減るのかわからない。しかし、なんとしても繫《つな》ぎ止めないと、チーム存続にかかわる、その危機感があった。

社長業に専念できるようになって迎えた初めてのスポンサー回りでもある。

「難しくなるだろう」

そう覚悟して臨んだ。

予想は、覆された。いい方向にである。

「不可抗力だから仕方ないよ」

「まずい、まずいって言ってても、しょうがないしね」

わたしたちよりも厳しい状況にある企業も少なくないはずなのに、力強い言葉をもらった。そして、多くのスポンサーが、変わらない支援を申し出てくれたのだ。

「こんなときだからこそ一緒にやっていきましょう」

意外、という言葉は正しくないのかもしれないが、わたしたちにとっては、サプライズにも等しい結果だった。

その数は、前シーズンの250社を超えた。未曽有の危機にチーム史上最多の数だ。どう感謝を伝えていいかわからないほど、ありがたかった。

本当の「信用」はお金ではない

なぜ、苦しくとも協賛してくれたのか。共に歩もうとしてくれたのか。

単なる「お金だけの関係」を超えた、本当の意味での「パートナー」になれたからではないだろうか。

わたしが経営者として目指しているチームとスポンサーの在り方でもある。

当然ではあるが、経営者は「お金」を稼がなければいけない。

選手の給料も、チームスタッフの生活も、すべてを背負っている。それは、給料未払いを選手として経験したことがあり、またそれに本当に困窮したチームメイトたちの姿を見ているから、誰よりも理解している（詳しくは後述する）。

ただ、だからといって一緒に歩んでくれるスポンサーを「お金をくれる人」として扱ってはいけない。喜びも苦しみも共にするパートナーでいたい。

だからこれまでずっと、わたしがスポンサーに訴えてきたのは〝思い〟だった。それはブースターに対しても変わらない。

チームへの、バスケットボールへの、そして何より北海道への、ひたすらな思いだ。

それを「経営者として甘い」と言われたこともあった。自分でもそう思うところはある。

しかし、大切なのは「お金」よりも「人」の繋がりだと、やっぱりわたしは思う。

今回の「窮地」は、その考えが間違っているわけではないことを示してくれた。

交渉や契約に「信用」は欠かせない。

しかし、それは契約書や金額の大小だけで決まるわけではない。長い間、ひたすらに積み上げてきた「思い」も、いや「思い」こそが信用に繋がるのである。

振り返れば、これまでもそうだった。

いつ資金がショートしてもおかしくない状況だった立ち上げ当初のレバンガ北海道。2億4000万円にまで借金が膨れ上がったこともあった。

そのときも、助けてくれたのは「人」だった。

チームが軌道に乗ってくると、北海道にとどまらない多くの会社からもスポンサードや協業のオファーをもらった。けれど、いくらお金を積まれてもわたしは、当時、助けてくれた人たちとのスポンサー関係を、一番大切にしてきた。

経営はそういうものではない。そんな意見もあった。そのたびにこう答えてきた。

「じゃあ仮に、いままで支えてきてくれたスポンサーの倍のお金を積まれたとしよう。その年はうれしい。でも、1年でスポンサーを降りられたらどうするんだ？」

お金だけの関係は弱い。

思いや信頼による繋がり、そして思いがある人たちが集まった組織は強い。

これから綴る地獄のような毎日の中で気づいた、一番大きなことだ。

だから、このやり方でいいと思っている。

調子がいいときに周りに人がいるのは当たり前。大切なのは、どん底に落ちたとき、そばにいて、支えてくれる人がいるかどうかだ。

「この人のためなら頑張れる」

「この人になら託せる」

理想は、そう思ってもらえる存在であり続けること。そしていつ、どこで、どんな人と出会うか。これも人生を左右する要素のひとつだ。

わたしにとってそれが、ベストなタイミングで、最高の出会いとして訪れたのが「北海道」だった。

北海道のみなさんにさらに必要とされ、さらに愛され、そして夢となるクラブにしていかなければいけない——。「思い」は一層強くなっている。

「人」を動かすために必要なこと

経営とバスケットボール

経営者として何かに長《た》けているわけではない。思いを伝え、行動し、責任を取る。してきたことを振り返ればそのくらいだ。アナログと言われるが、とても大事なことでもある。

レバンガ北海道には横田陽《あきら》という、わたしの信頼するＣＥＯがいる。わたしと横田の「二頭体制」は２０１６年に始まった。

彼は、細かい営業戦略はもちろん、デジタル戦略にも取り組んでいる。おかげで、レバンガ北海道はアナログとデジタルを両軸で回せている。

昨シーズン（2019－20）、チームは13勝27敗で3年連続の東地区最下位というひどい成績のシーズンを過ごした。ブースターには本当に申し訳がなかったけれど、その一方で、平均入場者数はB1リーグ全18チーム中4位という数字を出すことができた。前年比も約3・5％増えた。

こうした結果は、学校訪問やチラシ配りといった「人」と直接繋がるアナログな方法と、顧客管理をデータで行なうデジタル戦略がかみ合ったひとつの成果でもあろう。

人には当然、感情があり、そこに思いや信頼があるときに人は動く。

面白いもので、これはバスケットボールにも似ている。

わたしのバスケットボール、と言ったほうがいいかもしれない。

もう30年近く前のことになるが、日本のバスケットボール界には「花の平成5年入社組」と呼ばれた世代があった。

「日本最高のポイントガード」「Mr．バスケットボール」と言われた佐古賢一《さこけんいち》、正確なシュートとタフなディフェンスを武器とした後藤正規《ごとうまさき》、「ダイナソー（恐竜）・サム」の異名を持った大型フォワード・阿部理《あべおさむ》、そしてわたし。中央大学の佐古、日本体育大学の後藤、慶應義塾大学の阿部、わたしは日本大学で、関東リーグは立ち見が出るほど多くの来場者があった。

実力のみならず個性的なメンバーが揃っていた。

この時代は年下にも有望な選手が多く、後にユニバーシアード（卒業後2年まで出場が可能な学生の世界大会）での準優勝、31年ぶりの世界選手権出場などを成し遂げたことから、「黄金世代」とも言われるようになった。

日本バスケットボール史の中で、もっとも〝世界〟に近づいた世代である。

そんな世代の中でわたしは、日本一の大学を決めるインカレで優勝し、MVPにも選ばれた。

決してわたしがもっとも優れていた、と言いたいのではない。むしろ、わたしがもっとも「突出したスキル」を持っていなかった。

謙遜ではない。

身長は190㎝。一般的に見れば、だいぶ高いだろうが、バスケットボール界では平均的だ（例えば、2019年に行なわれたワールドカップの日本代表メンバーの平均身長は199

㎝だった）。速く走れるわけではない。人よりも高く飛べるわけでもない。ドリブルもパスも人並み。シュートの精度には少し自信があったが、スペシャルな能力など何ひとつなかった。

高校時代、初めて全国選抜の合宿に呼ばれたとき、周囲とのあまりの力の差にショックを受けたものだ。当時は体格や身体能力がモノを言うインサイドのポジションだったこともあり、まったく歯が立たなかった。

周りは2ｍ近くある選手ばかりで、体も屈強。「これが全国か……」と呆気にとられたことを鮮明に記憶している。

一緒にプレーした選手から見てもその印象は同じだったようで、佐古賢一（ケンと呼んでいる）はわたしと初めて出会ったときの記憶を「ひょろひょろしていて、まったく目立たなかった」と言っている。

だが、結果的にはそれが良かった。

才能も身体能力もなかったぶん、「どうすれば点を取れるか」、ひいては「どうすればこの世界で生きていけるか」を常に考え、実行してきた。

わたしの代名詞のように言われたスリーポイントシュートも（後述するが、わたし自身はそうは思っていない）、大学に入ってから磨いていったもので、その裏には「人並み」である自分がこの世界で生き抜いていくために試行錯誤した過去がある。

痛いスクリーンがあってこその「フリー」

考え、実行した中で手ごたえを得たのが「スクリーン」という技術だ。

味方が「壁」となって相手ディフェンスの動きを制限し、その隙に自分がフリーになるプレーのこと。つまり、自分ひとりではなく、「人」を動かすことで成立するプレーである。

あの頃を少し振り返る。

高校の全国選抜で通用しなかったインサイドでのプレーに見切りをつけ、シュートエリアを、徐々にスリーポイントエリアまで伸ばしていった。シュート練習をひたすらにした。そのおかげか、成功率は上がっていったが、試合でそれを完璧に再現するのは簡単ではなかった。

というのも、ボールをキャッチし、「1・2・3」というリズムを作りながら打たないと決まらなかったのだ。当然、その間にディフェンスに寄せられてしまう。実際の試合では、相手はそのリズムを崩しにくる。わたしのリズムは見破られ、試合では通用しなくなっていった。

どうすれば結果を出せる選手になれるのか。必死で考えた。リズムを変えるのか。ほかのリズムを作り上げるのか。ドリブルやフェイクを磨くのか……。

新しいスキルを身につけることは確かに大切だ。でも、発想をちょっと変えるだけで、いまの自分でもまだまだ生きるはずだ――そう考え、思いついたのが「スクリーン」だった。


「シュートを決める」ことは、「スペースを見つける」こととイコールだと思っている。いかに空いているスペースに入り込み、ベストの体勢とタイミングでシュートを打てるか。わたしはコンマ何秒かさえフリーになれれば、シュートを決められる自信があった。

では、そのコンマ何秒をどうすれば作り出せるか。自分ひとりではなく、人を使おう。味方に助けてもらおう。「スクリーン」によって、相手ディフェンスを引き剝がし「フリー」の状況を作るのだ。

頭さえ使えば、特別な能力がなくてもできるプレーである。

もちろん、スクリーナー（壁となる選手）とパスを出す選手、そしてわたし、この3人のタイミングが合わないとうまくいかない。

加えてそれは、わたしに点を取らせるために「壁」となり、動いてくれる選手がいる、ということでもある。

特にスクリーンは〝痛い〟。

目まぐるしい動きの中で体を張って屈強な相手ディフェンダーを止めなければならない。「あいつなら打ち切ってくれる」「あいつなら決めてくれる」――。そこに信頼と思いがなければ、壁にはなってもらえない。

バスケットボールも、結局は「人」と「思い」、そこに「信頼」があるかどうかがすべてだったわけである。

「信頼」獲得の肝は自分の中にある

ジャック・シャローとの出会い

「折茂が外して負けたんだから、しょうがない」

チームメイトやヘッドコーチ（バスケットボールでは監督をヘッドコーチ／HCという）、観ているブースターにそう思ってもらえる。それが信頼だ。

多くの場合、信頼には「結果」が必要だと考える。

1試合平均で20点を取れば、チームの勝利はぐっと近づくだろう。あいつは決めてくれる、という信頼は絶大だ。

ただし、それは結果論でもある。

指からボールが離れた瞬間、それが得点になるかどうかはコントロールができない。空中にあるボールを軌道修正することはできない。

それがマイケル・ジョーダンのような世界的なスーパースターであれば、「結果」で信頼を得ることは可能だろうが、実際のところジョーダンですら「結果」を保証はできない。

では、どうすれば信頼を得られるか。わたしにとって必要だったのは「打ち切る」ことだった。

トヨタ自動車に入ってすぐ、大きな出会いがあった。

ジャック・シャロー。NBAでも指導をしていたヘッドコーチだ。20代前半で、そもそも生意気盛りだったわたしはずいぶんと反論をしたし、シャローもシャローですごく独特だった。普段は優しいのに、バスケットボールとなると急に熱が入る。うまくいかないとボールを蹴飛ばして、練習中に帰ってしまうこともあった。

彼は、多くのことを教えてくれた。

先に書いたスクリーンについても、それまで知り得なかった方法や技術を細かく指示してくれたし、メンタル面においても適切なアドバイスをくれた。

「折茂はオフ中にバスケットをするな。ボールにも触るな」と言われたことは印象的だ。

長いシーズンを戦ったあとはバスケットを忘れろ、ボールに触りたくなる時期はおのずとやってくるのだから、といった意味合いだったように思うが、以来25年近く、オフにバスケットボールをしたことがない。それどころか、トレーニングすらしていない（だからキャンプの練習はついていくのに必死で、地獄である）。

「ディフェンスをしなかったら試合に出さない」

と言われたこともある。やんちゃだったわたしは、反発しながらも彼に学んだ。

「打ち切る」哲学、結果ではない

そんなシャローの教えの中でも、もっとも大事にした考え方が「打ち切る」だった。当然のことではあるが、シュートは外れることがある。

2019－20シーズンの得点ランキング1位のダバンテ・ガードナー選手は1試合平均23・4得点を記録したが、フィールド・ゴール（FG／2ポイントシュート）成功率は56％で、3ポイント成功率は28・2％。得点ランキング2位の日本代表ニック・ファジーカス選手は1試合平均23・2得点、FG成功率が51・4％、3ポイント成功率は41・9％（リーグ3位の記録）である。

つまり、どんなトップランカーでも、シュートが決まる確率は半分程度なのだ。

トヨタ自動車に入りたてで若いわたしはそれを受け入れることができなかった。試合でシュートを外せば落ち込み、あるときは「もう入らないいんじゃないだろうか」とか「もうシュートを打ちたくない」などと思った。

前半に調子が悪いとそのまま一試合をとおして崩れてしまう。

そんなわたしにシャローは言った。

「何本外そうがいいんだ。10本連続で外しても、お前には10本連続で入れられる力がある。だから、打ち続けろ。下を向くな。その必要はない」

心がすっと軽くなった感覚だった。

この言葉をもらって以来、シュートを外しても大きく引きずらなくなった。

前半に調子が悪くとも強いメンタルをキープできるようになった。

わたしはこの言葉を「打ち切る」と理解している。

コントロールできないものに頼るのではなく、自分自身でやれることをやり切ること。

スコアラーであるわたしにとっては、シュートを打ち切ること。

10本外そうが、20本外そうが、とにかく打つ。わたしの仕事はシュートを打つこと、その自覚を持つ。

だからシュートを躊躇《ちゅうちょ》することは、仕事を放棄するのと一緒だ。相手の脅威になれないし、そもそもわたしがコートにいる意味がなくなる。だから何があろうと「打ち切る」のだ。

30歳手前頃だろうか。

「打ち切れてるな」と実感できるようになった。シャローの言葉をようやく本当の意味で実践できている感覚だ。

「折茂が外して負けたんだから、しょうがない」——その「信頼」を獲得できた。

その実は、「あいつなら、打ち切ってくれる」。

大事な局面、苦しい時間、ボールを回そう。

それこそが信頼なのだと思う。

周囲からの信頼は、よりわたしに責任感を植え付けてくれたし、その責任感はさらにわたしを「打ち切らせ」た。

バスケットボールだけに限らない話である。

結果は人を判断する重要な材料だが、自分の仕事をまっとうしているかどうか。そこにある責任感こそが「信頼」を生み、人を動かすことを肝に銘じている。

※

「人」の存在や、「信頼」といった、ともすれば青臭く聞こえる言葉を並べるわたしを、トヨタ自動車時代の知り合いは、驚きをもって受け止めるだろう。

「はじめに」でも触れたが、とにかくやんちゃだった。

変わろうと思ったわけではなく、知らない間にこうなったのだけれど、そのきっかけは間違いなく「北海道」である。

この先は、わたしが北海道に来てから覚えていることを綴っていきたい。断っておくが、初期のわたしはずっとイライラしていた。あまり、お手本にしてほしくはないが、「変わった」という事実について語るときに、欠かせない日々でもある。

常勝トヨタを出た理由

２００７年、わたしはトヨタ自動車から北海道の「レラカムイ北海道」へ人生初の「移籍」を経験した。トヨタ自動車、というと愛知県を想像する人が多いと思うが、バスケットボール部は東京・府中を拠点としていた。

埼玉県の埼玉栄高校から日本大学、トヨタと進んだわたしにとって、初めての地方だ。北海道は寒いし、苦手だった。それでも行くことを決めたのには、プロリーグ化を前提に新設された「日本バスケットボールリーグ（ＪＢＬ）」（正確にいうと移行になる。プロ化は日本バスケットボール界にとって長い間、大きな問題となり一筋縄ではいかない歴史があった）に、プロチームとして新規参入を認められた「レラカムイ北海道」からの積極的な誘いがあったからだった。

当時のわたしは、すでに「引退」が視野に入っていた。まだできるという思いはあったが、37歳を迎える年。「30歳を過ぎたくらいで引退」という実業団リーグからの暗黙の了解がある時代だったから当然だった。

トヨタ自動車における立ち位置も悪化していた。

2003－04シーズンにはキャリアハイとなる平均得点22・6を記録し、2004－05シーズンまではほぼすべての試合でスターティングメンバーとして出場していた。それが、ヘッドコーチが代わると（トーステン・ロイブル、彼はわたしが立ち上げた「レバンガ北海道」の初代ヘッドコーチになる人物でもある）、2005－06シーズンにはスタメンが3試合に激減した。2006－07シーズンは14試合と増えたが、明らかに主力としてみなされていなかった。

ヘッドコーチさえ代われば、まだ出られる。出れば、できる。

事実、2006年には世界選手権（現在のワールドカップ）に日本代表として選ばれ、全試合にスタメン出場をし、二桁得点を記録していた。

悩む要素はいくらでもあった。

入団当初は弱小だったトヨタ自動車は優勝争いの常連となった。それを作り上げた自負がある。

一方で、試合に出られない状態に悶々《もんもん》とした。トヨタ自動車とは1年契約。当時のバスケットボール界からすれば破格の給料をもらっていたが、「プロ」ではなかった。レラカムイに行けば、プロになれる。提示された給料はトヨタを上回っていた。何より、その誘いが「執拗」だった。熱い思いを何度も何度も聞かされたのだ。

わたしを誘い続けたのは、この新しいプロチームのヘッドコーチとなる東野智弥《ひがしのともや》。同級生であり、北陸高校時代はケン（佐古賢一）と共に全国制覇をしたメンバーだ。２００６年の世界選手権では日本代表のアシスタントコーチを務めていた。

何度目かの勧誘で東野が言った。

「プロにならないか？」

プロチームで、プロ選手としてプレーする――。空想に近い形で思い描いていた世界が、そこに待っている。東野はなんの気なしに言った言葉だろうが、言われるたびに気持ちは北の大地へと傾いていった。

家族もわたしの背中を押した。実は選手としての立場が悪化した1年前にもトヨタ自動車を出たいと、家族に相談をしたことがあった。そのとき、妻はしきりに反対した。「トヨタは出ないほうがいい」。

だが、このときは言わなかった。バスケットボール選手としてくすぶるわたしを近くで見ていた彼女は、わかっていたのだ。

「もう最後なんだから、楽しく思いどおりにできる所でやるのがいいんじゃない？」

当時8歳だった息子も、北海道に行くことを勧めてきた。

「一生のお願いがあるの。パパに北海道に行ってほしい」

理由を聞くと「札幌ラーメンが食べたいから」だった。

悩んだあげく、わたしは「北海道」行きを決めた。トヨタ自動車にいた、日本の新スター候補・桜井良太と一緒に、レラカムイ北海道の初期メンバーとなったのである。

※

わたしと桜井の移籍は、日本バスケットボール界にとっては「それなり」のニュースだった。北海道にできたプロチーム。当時は、b.jリーグというプロリーグも存在しており、日本バスケットボールがひとつにまとまることができず、混乱していたことと併せて注目度が高かった。

バスケットボールが日本で「プロ」としてやっていけるのか――前年、JBLの前身であるJBLスーパーリーグに新しく参入したプロチーム「福岡レッドファルコンズ」がたった2カ月で脱退した。そんな状況で、再び「地域密着」を掲げて立ち上げられたチームに対して、さまざまな目があったのだと思う。

そのレラカムイ北海道は、ファンタジア・エンタテインメントという運営会社を母体とし、水澤佳寿子社長が中心となり作られた。

年俸は高かったけれど、それ以外は「プロ」という言葉の響きからは想像もできない状態だった。トヨタ自動車のほうが圧倒的に恵まれた環境で、改めてプロチームの運営の大変さを知ったものだ。

さてわたしはと言えば、北海道に移住し、初めて練習に参加して以来、その違いにずっとイライラしていた。

北海道に来た当時といまの写真を見比べてみるとそれは一発でわかる。あの頃の顔は、本当にただ「キレている」顔だ。

プロのスタート、「廃校」

夏の盛りだった。

東京からやってきたわたしは、夏とは思えない快適な温度に、「悪くないじゃん」と思った。いま、振り返れば「軽口を叩ける余裕」があった。

練習場に着いたとたん、そんな余裕は一気に吹き飛ぶ。

日本代表に呼ばれていたわたしと桜井が遅れて合流した練習。

「プロ」としての生活の第一歩でもある。

着いたのは「廃校」だった。

まさか、と思った。

練習着も用意されていない。そもそも、ないのだと言う。

「廃校」はもともと高校だ。だけど、水道も電気も通っていなかった。外が暗くなると、明かりがなくて何もできないから練習は終わった。本当の話だ。

加えて、ロッカールーム——あれはロッカールームなのだろうか——の床はものすごいほこりで、自分の荷物を置きたくなかった。

とはいえ、まだここまでは我慢ができた。

合宿といえば海外。

シーズンに向けてチーム力を向上させていくには、集中できる環境が必要だ。トヨタ自動車時代はドイツ、オーストラリア、アメリカといった異国の地でみっちりとトレーニングを行なってきた。

先に少し触れたが、オフにまったく体を動かさないわたしはいつもヘトヘトになった。走り込みをすれば周回遅れになるほどだ。それでも、何歳になっても全体と同じ練習量をこなすよう努めていた。

逆に言えば、この合宿はシーズンに向けたコンディションを上げるために欠かせない時間であったわけだ。

レラカムイ北海道、最初の合宿地は「ワッカナイ」だった。最初にそれを聞いたとき、「どこの国だ？」と思った。それが国内だ、と知ってちょっと失望した。

「稚内」。北海道の最北端で、札幌の中心地から北上して３００キロ以上離れた場所にある。移動手段を聞いてよりびっくりした。バスだというのだ。

「いつになったら着くんだよ？」

「ありえないだろう」

1時間、2時間、3時間……いつまでたっても着かない「稚内」にずいぶんと「キレていた」ことをはっきりと覚えている。

結局、5時間以上をかけて到着した。

「東京から大阪に行くほうが近いじゃねえか、どこの国だよ」

愚痴は止まらなかった。

「やんねえよ！」

当時のことを知る横田陽は、わたしについて「本当にクソ野郎でした」と言う。廃校、稚内合宿に始まり、以降もトヨタ自動車時代との差にがくぜんとしていた。それが行動にそのまま出ていたのだ。

書こうと思えば、「差」はいくらでもある。

例えば、宿泊先。国内の高級ホテルでバランスの取れた食事をとっていたトヨタ時代。

一方、「プロ」のわたしは、荷物もろくに置けない狭い部屋の中で「足がはみ出るベッド」に寝て、食事は「500円硬貨」一枚を手渡されただけだった。「好きなものを食べてください」という一言には怒りをとおり越して呆れた。

体のケア。テーピングを巻いてくれるトレーナーはいるが手元がおぼつかない。自分で何分もかけて巻いた。

これが「プロ」なのか？

そう思いながら過ごしていた。

特にわたしが「プロへの疑問」を強く感じたのには、こうした「環境」の問題より、「時間」の使い方があった。横田がわたしを「クソ」だと表現した理由の多くも、ここに起因している。

「無理、絶対やらない」

何度そう言ったかもう覚えていない。

レラカムイ北海道は、とにかくわたしを取材に駆り出した。

「○○新聞です」

「今度は□□テレビです」

「あしたはイベントです」

そのたびに抵抗した。

「ふざけるな、やらないよ」

とにかく「バスケットボール以外」にやることが異常に多い。もともと、自分の時間を奪われるのがきらいな性質《たち》だ。「プロ」に憧れた理由は、プロ野球選手やJリーガーといったほかのプロスポーツに負けたくないという思いと共に、「プロ」は自分の時間を自分で管理できる魅力があったからだ。

重要なのは試合で勝つこと。勝利を目指すために必要なことは惜しまずするが、それ以外のことに協力する筋合いはないだろう。

そんなふうに思い続けていた。

あの頃の態度は本当にひどかったと思う。

いまでもメディアの取材は多いほうだ。

でも、できる限り受けるようにしている。レバンガ北海道の魅力を、より多くの人に伝える。それによって支えてくれる人を増やす。

メディアからのオファーはそのいいチャンスである。経営者になったいまは、それがよくわかるが、このときのわたしは「自分さえ良ければいい」「プロになれば自由だ」という、トヨタ時代からの延長線上にいた。

※

時間はトヨタ自動車時代にまでさかのぼる。

そもそも、わたしは世の中のレールからだいぶはみ出していた。

1993年春、トヨタ自動車に入社。〝入団〟ではなく、あくまで〝入社〟だ。

若い人は知らないかもしれないが、当時のバスケットボールのトップリーグはプロリーグではなく、完全な企業スポーツだった。リーグ名は「日本リーグ」といった。

企業スポーツとプロスポーツは、似ているようでまったくの別物だ。

企業スポーツでは、選手はプレーヤーとしてチームと契約するのではなく、あくまで社員として、母体の企業に入社する。だから当然、仕事もしなければならない。給料も、月に数万円の「バスケットボール手当」が付くものの、ほかの社員たちと同額程度だ。バスケットボールを利用して企業に就職するようなイメージ、と言えばわかりやすいだろうか。

日中は会社で働き、仕事が終わった後にバスケットボールをする。そして30歳を過ぎた頃に〝引退〟して仕事に専念する。どれだけ良いプレーを続けていようが、会社に戻る。それが当時のバスケットボール界の暗黙の了解。選手が選べる選択肢も、それしかなかった。

トヨタ自動車のバスケットボール部は、東京本社にあった。だからわたしは、その東京本社で〝働く〟ことになった。

ただ、そんな常識的なことを理解していなかったのが当時のわたしだった。

研修期間中の「有休消化」

灯りを消し、ベンチに横たわる。

東京本社の地下には体育館とトレーニングルームがあり、そこの更衣室が〝逃げ場〟だった。

「仕事とか、無理むり」

「俺がしたいのはバスケだっつーの」

ため息をつきながら更衣室のベンチに寝そべり、やがてまどろみに落ちるのが、研修期間中の〝ルーティーン〟だった。

上の階ではきっと、「また折茂君がいない！」と騒ぎになっているだろう。でも、やっていられないのだから仕方ない。

バスケットボールをしにトヨタに来たんだ。働きに来たわけではない。

長い期間続く研修に、飽き飽きしていた。バスケットボール部の選手といえども、扱いは一般社員と同じ。だから、研修もすべてやらなければならない。工場のライン作業の実習にも入った。ベルトコンベアーに流れてくるタイヤを車体に付ける作業で、取り付けが少しでも遅れると、上から「オラーッ！」という怒声が飛んできた。

人事部での研修期間のことだ。

もうすぐ配属先が決まる段階まで来ていたが、「面倒くさい」という思いは頂点に達していた。救いは、まだ携帯電話が普及していなかったこと。うまく逃げられれば、こうして楽勝でサボることができた。

いつものようにうとうとしていると、更衣室のドアが勢いよく開いた。見つかった。研修の指導に当たってくれている女性の上司だ。

「折茂君！　何やってんの！」

頭ごなしに怒鳴られて、不貞腐れた。

「研修とか、もういいっす。半休届け出すんで、帰っていいですか？」

上司が呆れかえった。

「君ねえ……。研修期間中に半休届け出す人なんていないから」

わたしは引き下がらない。

「いや、権利はあるんで、帰ります」

そんな新入社員だった。

しかも、当時のわたしは真っ黒に日焼けしていた上、髪の毛を真っ茶に染め上げ、おまけにピアスまで付けていた。東京大学をはじめとした一流大学の卒業生が集まる天下の大企業の中では、あり得ない存在だった。

禁断の「中指」事件

バスケットボールに対しては本気だった。

勝たなきゃ気がすまない。大学時代は、インカレで全国制覇。ＭＶＰももらった。勝つことは絶対だった。でも、それ以外は何も見えていなかった。

アウェーで新潟アルビレックス（当時）と対戦したときのことだ。

ファールをした際のわたしの態度に激怒した新潟のブースターが「折茂てめー!! 手くらい挙げろこの野郎!!」と罵声を浴びせてきた。

バスケットボールでは、ファールをしたら手を挙げて、反則を認めることが慣例となっている。それをしなかったことに怒ったのだ。悪いのはわたしだ。

だが、こともあろうにわたしは「いちいちうるせーな！」と〝反撃〟に出て、あろうことか彼らに〝中指〟を立てた。

その瞬間がテレビでアップになっていた。

当時、バスケットボールが地上波でテレビ中継されることなんてほとんどなかった。衛星放送のスカイAが中継をしてくれていたが、加入しなければ見られないもの。この日は本当に珍しい、地上波だったと記憶している。

そんな「めったにない日」に、相手ブースターに向かって〝中指〟を立てたのである。

前代未聞、そんなやつ見たことがない——わたしの話だが……。

話には続きがあって、テレビ放送をされたものだから、キャプチャーされた〝中指〟の写真が拡散され、Tシャツになった。しばらくの間、わたしは敵地で〝中指〟のTシャツを着たブースターたちからブーイングを浴びることになる。

仲のいい友人が新潟で飲食店を営んでいるのだが、アルビレックスのブースターがよく集まる店になったらしい。折茂と知り合いだ、と言うと気まずい雰囲気が流れたらしく「僕が悪者になったじゃないですか」と（当然、ふざけてだが）怒られた。その友人の店は「出入り禁止」である。

人が見ていようが関係ない

この手の話は、恥ずかしいことだが枚挙にいとまがない。

試合に敗れた後は、特にひどかった。

ロッカールームに戻るわたしの前には必ず「道」ができていた。負けて頭に血が上っているわたしに気を使い、あるいは恐れて、チームメイトもメディアの人間も後ずさりしていったからだ。その光景は、傍《はた》から見ていると旧約聖書で海を割ったモーセのようだったという。

入社したばかりの頃のトヨタ自動車は弱かった。

わたしの手で強くしてみせる、その思いだけに支配されていたから、負けると抑えが利かない。年月を経て、優勝が狙える位置までくるようになると、より勝利への欲求は強くなり、敗戦後のフラストレーションは大きくなり、そのぶん態度はどんどん悪化していった。

「負けるとか、ありえねえ！」

試合後、チームメイトが整列して客席や関係者に挨拶する中、ひとり激高して帰る日々。納得がいかないジャッジをした審判を追い掛け回したり、野次を飛ばしてきた客にボールを投げたりしたこともあった。

ファンに対してもひどいものだ。

試合前に声援を受ければ、「気軽に話しかけてくんじゃねーよ！　こっちは集中してんだよ！」、頑張ってください、と言われれば、「頑張れ？　おまえらより頑張ってるし！　おまえらから金もらってねーし！」と心の中で毒づいた。

温かい声援を送ってくれるファンでも、「勝利の邪魔」になると思えば、冷たくあしらった。サインを求められても無視するのが常だった。

言い訳のようになってしまうが、これは当時のバスケットボールがアマチュアスポーツだったことにも起因していた。

チームはあくまで「社員のための福利厚生」。

同じ会社の選手たちが頑張っている姿を見て、士気を高めましょう――。

それが企業チームの基本的な存在意義だった。一般のファンではなく、社員のためのものという感覚だ。だから、そもそも、ファンサービスという概念自体が日本のバスケットボール界になかったのだ（ゆえに、ブースターという言葉もこのときは知らなかった）。

企業も試合やチームの宣伝などほとんどしない。

よほどのバスケットボール好きでない限り、ファイナル以外の試合がいつ、どこで行なわれているのか知る由もない状態だった。

当然、リーグ戦の試合会場はいつも閑古鳥が鳴いていた。

わたしの地元・埼玉で試合があっても、観客席には数えられるほどの人しかいなかった。

それに対して、がっかりもしなかった。「そんなもんだろう」と思っていた。

ホームだろうがアウェーだろうが、コートから見える景色は何も変わらないのが当たり前だった。

自然と、人が観ていようが観ていまいが関係ない、というスタンスになっていた。

モチベーションは「勝利」だけ。

勝つこと、優勝することが最大の目的で、後は自分の給料を上げていくこと。そこには「誰かのために」などという思いなど微塵《みじん》もなかった。なんの悪気もなく、「自分のため」だけにバスケットボールをしていた。

絶句した大歓声の試合会場

話は「北海道」に戻る。

乞われ、紆余《うよ》曲折はあったが「プロ」になった。

バスケットボールに専念し、自分の時間も自由になる。かつて憧れた未来像とも言えた青写真は、トヨタ自動車と比較にならないほど乏しい環境と、比較にならないほどの不自由な時間によって、大きく打ち砕かれた。

ただイライラしながら過ごす日々。戦力を見ても簡単に勝てるシーズンにならないことは容易に想像がついた。

とんでもないことになった。そんな思いを抱いたまま、(昨シーズンまでのＪＢＬスーパーリーグから名前を変えた) ＪＢＬ (日本バスケットボールリーグ) が開幕した。

なんにせよレラカムイ北海道、そしてわたしがプロ選手としての第一歩を踏み出す歴史的な日である。自然と気持ちは高まっていた。

開幕戦の相手は、三菱電機ダイヤモンドドルフィンズ。アウェー、名古屋での試合だった。

昨シーズン準優勝を収めた強豪である。ちなみに、そのプレーオフで勝ったのはわたしと (桜井) 良太が所属していたトヨタ自動車だ。しかし、地力の差は明らかだった。

わたしは12得点。

たいした活躍もできず、チームも敗れた。特に、ベンチスタートの選手は誰ひとり得点を決めることができなかった。優勝とかそういうレベルの話ではない。

今シーズン、一勝でもできるのか？　そんな不安すらあった。チーム全体もそうだっただろうと思う。なんとも不吉な「北海道」のスタートである。

だが、一転、翌日の第2戦には勝利を収める。プレッシャーが取れたのか、選手たちは見違えるような動きを見せた。

わたしはチーム2位となる22得点、39分間出場した。バスケットボールは10分×4クォーターで勝敗を決する。ほとんどの時間、試合に出ていたことになる。

そして迎えた開幕3戦目。いよいよ北海道でプレーをする日がやってきた。

月寒《つきさむ》アルファコートドームは、北海道札幌市豊平区にあるレラカムイ北海道のメインアリーナだ。北海道日本ハムファイターズの本拠地、札幌ドームからも歩いて15分程度のところにある多目的施設。2016年に閉館していまはない。

日本では珍しい、すり鉢型のアリーナで、天井からつり下げられた大型ビジョンが4つ備わっている。

その月寒アルファコートドームが満員に膨れ上がっていた。

「こんなことがあるのだろうか……」

絶句した。

ホーム開幕戦の日立サンロッカーズ戦。2007年10月20日のことである。

試合前にはホーム開幕戦を見るために、長蛇の列ができていたという。トヨタ自動車でプレーを始めてから14年、満員の観衆の中で試合をしたことなんて数えるほどしかない。日本一を決めるファイナルくらいのものだ。

ロッカールームから出ていくと、大きな声援が聞こえた。客席に「空いた席」が見当たらない……。その熱狂ぶりに目を見張った。

これまでと違ったのはつめかけた観客だけではなかった。その演出も見たことがない、いやテレビ越しでみたNBAのようだった。

チアダンサーが試合前の会場を盛り上げ、地元の子どもたちだろうか、彼・彼女らも必死に踊り、盛り上げようとしてくれている。

照明による演出と天井にあるビジョンでは入場する選手たちが映し出され、そこにアナウンスの声。足元からジェットスモークが噴き出し、わたしたち選手はコートへと向かった。

言い方は悪いが、たかがホーム開幕の1試合である。

長い間、バスケットボールを続けてきてこんな雰囲気で試合をしたことがなかった。

すげえなあ……。

一緒に移籍してきた良太も唖然としているようだった。

わたしの名前が呼ばれると、ひときわ大きな声援が聞こえた。

いまでも忘れられない一瞬だ。

気持ちが良かった。


相手・日立サンロッカーズには、当時から日本バスケットボール界でもっとも有名で人気があった選手のひとり五十嵐圭や、日本代表の竹内譲次《たけうちじょうじ》らがいた。下馬評では圧倒的に不利だった。その強豪にレラカムイは、一進一退の好勝負を演じた。

最終となる第4クォーターまで1点差のビハインド。

そして、ここからがハイライトだ。

残り3分とちょっとくらいだっただろうか。

味方との連携で、マークを外す。

「フリー」の瞬間が訪れた。

3ポイントラインから「打ち切る」。弧を描いたボールはそのままゴールに吸い込まれる。

逆転、大歓声。

その後も、声援に後押しされるように、わたしたちは走り回り、気持ち良くゴールを決めていく。

84対79——。

レラカムイ北海道は歴史的なホーム開幕戦で、バスケットボールの醍醐味とも言える劇的な逆転勝利を収めた。

これがホーム、地の利、ファンの後押しというものか。

勝利の瞬間に見た光景もまた、わたしには鮮烈に映った。

総立ちの観客、喜び合い、抱き合う姿——。

ホームもアウェーもなかったトヨタ自動車時代。

「プロ」になって良かった、そう思える瞬間だった。

「誰も知らない」から「誰もが知ってる」存在に

この日の観衆は4325人だったという。

翌日の試合も4037人。

ＪＢＬの平均入場者数が１０００人程度の時代において圧倒的な数字だった。

その後のチームの成績は振るわなかった。

ホーム開幕戦そして翌日の試合と連勝したものの、以降チームは負け続けた。完全な力不足。勝てない日々にフラストレーションは溜まった。

環境にだって納得がいったわけではない。

その一方で、わたしの中で違った感覚が芽生え始めていたのも確かだった。

いまに繋がる「人」中心の考え方だ。

負けても負けても会場を埋め尽くし、必死に声援を送ってくれるファンの人たちの姿が目に浮かぶようになったのだ。

チームは勝てなくても、観客動員数は断トツでトップだった。

心を動かされたのは、会場の声援だけではない。

街を歩いていると、声を掛けられるのだ。

六本木に吉祥寺。トヨタ自動車時代、多くの人が行き交う街で、毎日のように飲んでいた。だが、声を掛けられたことはほとんどない。「折茂さんですよね?」。たまに近寄ってくるのは、バスケットボール部の学生くらいのものだった。

しかし、北海道は違った。

食事をとっているときも、コンビニエンスストアに行くときも、どこに行っても声を掛けられるのだ。しかも子どもからお年寄りまで。

そして何より印象深かったのは、感謝の言葉が多かったことだ。

「北海道に来てくれて、ありがとう」

「本当にみんな感謝してます」

これは心に刺さった。

来てくれて、ありがとう。こんな言葉を口にしてくれる人たちがいるということを、恥ずかしながらそれまでの人生で知ることがなかった。感動すら覚えた。

まったくチームを勝たせられていないにもかかわらず――。

こうした日々は、勝利への意欲を違った形で掻き立てる。これまでのように、俺が勝ちたい、勝たなければ意味がない、という感覚から、北海道に勝利を届けたい、へ。

「頑張らなければ」と、素直に思えた。

メディアの姿勢もうれしかった。新聞もテレビも、試合があるたびに積極的に取り上げてくれた。負ければ「痛恨」「悪夢」と言われた。

でも、それがいい。日本ハムファイターズだって、コンサドーレ札幌だって、負けたら批判される。そうあるべきだ。同じプロチームとして見て、報道してくれることが何よりうれしい。日本一になっても、スポーツニュースで数秒ほど放送されて、翌日の新聞に小さく載るだけだったトヨタ自動車時代とは雲泥の差だった。

こうした「北海道」の温かさの背景には、日本ハムファイターズや、コンサドーレ札幌が成功し、地域にプロスポーツが根付いていたことも大きかっただろう。

かつては六本木で飲みながら、プロ野球選手やJリーガーに引け目を感じていた。そんな思いが溶けていくようだった。これが求めていたプロスポーツ選手の姿なのかもしれない。

そして、「プロ」であることの意味もわかり始めた。

バスケットボールで結果を残すのは当然のこと。でも、それだけではダメ。メディアやイベントに出て、自分たちを知ってもらう。それが動員に繋がり、また自分の価値も上がっていく。

要は、どれだけの人に知ってもらい、応援してもらえるか。それがプロの価値なのだ。

いらだちの対象でしかなかった取材やイベント出演には、こういう意味があったのか……。

このタイミングで北海道にプロバスケットボールチームができたことの意味。そして、それを残さなければならないという使命。

わたしは1年目にしてそれを知ることとなる。

第2章
勝者のメンタリティ

強いチームは何が違うのか。
強い組織はどこが優れているのか。
わたしのバスケットボール人生は、その答えを探す旅でもあった。
弱小だったトヨタ自動車を変えるために必要だったこと。
北海道のチームに足りなかったこと。
その先に思いもよらない「誤算」と「問題」が待っていたが、
「改革」の日々はいまのわたしにとっても大きな意味を持っている。
自らアクションを起こし、「人」を巻き込む――。
わたしの若い頃の話ではあるが、伝えられることはある。

人生の99％が後悔でもいい

後悔だらけの人生を生きて

プロアスリートという職業には「引退」がある。

そのとき、「後悔はありません」と話す偉大な選手も多い。では、49歳で引退をしたわたしはどうか、と言えば「99％、後悔しかない」。

もしかしたら「引退」するときには正反対の気持ちになるのだろうか、と思ったことがあった。けれど、いざその瞬間に直面すると、思い浮かぶのはやり残したことだらけだ。最後の1シーズンは戦力として貢献できなかった。あの瞬間、シュートを「打ち切れ」なかった。もっと早く、ファンとの距離を知るべきだった……。

27年間の現役生活を振り返れば、こうするべきだった、ああすれば良かった、ときりがないほど悔しいシーンが思い浮かぶのだ。

こういう話をすると、「99%が後悔？　そんなことはないだろう」と矢継ぎ早に「過去」について尋ねられる。

「10000得点は？」

個人の記録にはあまり興味がない。それだけ得点できた裏側には、同じ数以上のミスショットや「打ち切れなかった」シーンが存在する。むしろ、後悔のほうが大きいかもしれない。

「日本一4回、トヨタの全盛期を作ったことは？」

勝ちにこだわってやってきた。だから勝つこと、日本一は何よりの称号だ。しかし、そこにも後悔はもちろん存在する。もっと早く、もっと数多く勝たせられたのかもしれない。

「オールスターに16回出場」

最後のオールスターだけは楽しかった。しかし、日本のオールスターはもっと真剣勝負がいい。

「日本代表として、31年ぶりに世界選手権の出場権を得た」

バスケットボールを野球やサッカーに負けない存在にしたかった。そのために、オリンピックやワールドカップといったビッグコンペティションに出場し、勝利することを重要視してきた。けれど、出場するだけではダメなのだ。

足りないもの、やれなかったこと、そんなことばかりが浮かんでくる。

ネガティブだと思われるかもしれないが、決してそんなことはない。

わたしは基本的に「なんとかなるだろう」という性格だ（それゆえ、レバンガ北海道の代表を引き受けたところもある）。ただ、目の前のことに手を抜かず全力で取り組んできた――いまにフォーカスした――結果が、こうした「後悔」を築いている。

わたしは「後悔」を後悔しない。

というのも、その99％が後悔だとしても、何かひとつでも「後悔しないもの」が存在すれば、そこに自分自身の価値を見出すことができるからだ。


わたしの人生で、唯一「後悔がない」と言い切れるもの。

それが、北海道である。

北海道への移籍、北海道に来たこと。ただひとつ、ここには間違いなく後悔がない。

起きたことはとんでもないほど大変だった（笑）。

でも、本当にそれだけで、わたしはいまを後悔せずにいられる。

※

レラカムイ北海道に移籍したときの条件は「年俸4000万円」の「2年契約」だった。

破格の契約は、おそらく当時の日本バスケットボール界でトップだったはずだ。

しかし、その好条件に反して2年間の結果は、惨憺《さんたん》たるものだった。1年目は8位（最下位）、2年目は7位。わたしはこの2シーズンで70試合中69試合にスタメンで出場し、いずれも平均二桁の得点を記録している。

勝てないにもかかわらず試合会場を満員に埋めてくれるブースターに、顔向けができなかった。

絶対にこの人たちに勝利を届けたい。プロとしての自覚。北海道に来て、それがようやくわかるようになっていた。

なぜ勝てないのか。

移籍直前までのトヨタ自動車の2年間は連覇を達成していた。スターターとしての出場は減っていたものの、14年の年月をかけて強いチームを作り上げた自負があった。

トヨタにあってレラカムイ——そして現在のレバンガ北海道にも通ずるのだが——に足りないものは何か。

「勝者のメンタリティ」だ。

もちろんチーム運営においては資金的な問題、サポート体制、環境など勝利のために必要な要素はほかにもたくさんある。しかし、お金やサポート、環境だけで「強いチーム」を作ることはできない。

ここにおいても結局は「人」になり、「勝者のメンタリティ」を持った人がどのくらいいるのかが、勝てるチームとそうではないチームの差を生むことになるのだ。勝つことを知る選手、スタッフ。勝つために必要な苦労ができる「人」がいて、そのベースはでき上がる。わたしはそう思っているし、そうやってトヨタ時代も強いチームができ上がったと思っている。

どういうことか。わたしの経験から振り返ってみたい。

時代は大きく変わっているが、それでも必要なことがまだいくつかある。

「勝つ」こだわりの原点

これまでも書いてきたとおり、わたしが現役生活をとおして絶対に譲らなかったことが「勝つこと」に対するこだわりだった。

特に若い頃は勝つことが唯一の真理。

結果だけがすべて。

だから学生からトヨタ時代まで「スタッツ」（得点数や試合時間などの記録に残るデータ）にこだわった。チームの中心選手（得点の第一オプション）であるわたしの数字が良ければ、勝つ確率は上がる。ひとつの戦略だ。

だから勝つことに対しては、徹底的に考え抜き、行動に移してきたつもりである（その思いが強すぎて、かなり視野が狭くなっていたことは否めないが）。

勝利にこだわり始めた原体験は、大学時代にさかのぼる。

大学4年、学生生活最後の試合。それがインカレ（インターカレッジの略。全日本大学バスケットボール選手権大会）の決勝だった。

残り14秒。

パスの出し所を探した。

それを見つけた瞬間、胸が高鳴った。

相手のマークが乱れ、スリーポイントエリアで日向寺修がフリーになっていたのだ。

まさに、ラストチャンスだった。


1992年12月5日、日本大学バスケットボール部キャプテンとして最後の試合。相手は、日体大（日本体育大学）。

勝てば日本一——。だが、そんなことはどうでも良かった。

日体大に勝つ——。思いはそれだけだった。

当時の大学バスケットボール界は、日体大と日大が圧倒的な〝2強〟として力を示していた。ほかの大学には、まったく負ける気がしなかった。実際、負けることもなかった。

だが、日体大だけには勝つことができなかった。

わたしは3年時から中心選手として出場していたが、その際のインカレ決勝でも、20点差をひっくり返された。愕然《がくぜん》とした。奈落に突き落とされたような気持ちだった。

日大と日体大のライバル関係

大会	年度	優勝	準優勝	3位	4位
41	1989	日本体育大	筑波大	中央大	日本大
42	1990	日本体育大	日本大	筑波大	中央大
43	1991	日本体育大	日本大	京都産業大	中央大
44	1992	日本大	日本体育大	中央大	専修大

「もう、あんな思いはしたくない」

「俺の代になったら、必ず日体大に勝つ」

そう誓い、ひたすらシュートを打ち、走り込んできた。しかし、関東トーナメントでも、リーグ戦でも、彼らの壁を超えることはできなかった。しかも、そのすべてが1点差か2点差での敗戦。悔しさを晴らすための舞台は、このインカレしか残っていなかった。

追い掛けて、つかみかけてはスルリと逃げていった勝利。

そこへの道筋が開けた瞬間だった。

希望と焦りが入り交じり、願いはとても言葉にならなかったが、ありったけの思いを込めて、フリーでパスを待つ2学年下の日向寺にボールを送った。

パスを受けた日向寺に日体大のディフェンダーが必死に迫っていたが、追いつける距離ではなかった。

残り12秒。

放たれたスリーポイントシュートの放物線。あのシーンは記憶に残っている。

立ち見客が出るほど満員に膨れ上がった代々木第二体育館の大声援が一瞬、静かになった。

残り11秒。

この日一番の歓声がコートを包んだ。自然と、両手を上げてガッツポーズをしていた。

スリーポイントシュートが決まったのだ。

66対65。

残り9秒。

バスケットボールにとって残り9秒の1点差は決してセーフティではない。むしろ、危険だ。一瞬でも気を抜けば、ひとつでも戦略を読み間違えれば……、立場は一気に逆転する。

諦めない日体大が、一気に前にボールを出してきた。受けた後藤正規（花の平成5年組入社のひとりだ）が半ば無理やりスリーポイントシュートを放った。

後藤は日体大のエースであり、その後も同じシューティングガードの選手としてしのぎを削り合うことになるライバルだ。

彼も必死の思いだっただろう。そのシュートに、日体大にとって4年連続10回目のインカレ優勝が懸かっていたのだから。

だが、不十分な体勢から放たれた一投はリングに弾《はじ》かれた。

リバウンドを味方が制してくれた。

勝った――。

次の瞬間、試合終了を告げるブザーが鳴った。

気づくと、ベンチに向かって駆け出していた。雄叫《おたけ》びのような喜びの声を上げている仲間に、飛びついて抱きついた。中学でバスケットボールを始めてから、初めて日本で一番になれた瞬間。

収まらない大歓声。鳴りやまない拍手。注目されていることは感じていたが、それもどうでも良かった。

「日体大に勝てた」

わたしが沸き立つ理由はそれだけだった。

最後の最後で、チームとしても、一選手としても日体大を乗り越えることができた。

勝つことと、結果を残すこと——。

絶対に負けたままでは終わらない。

負けなければ、いつか日本一、優勝にはたどり着く。

日体大にようやく勝ったことは「目の前の相手」、特に、強い相手に絶対に負けないという思いを大いに強くさせた。

時代に翻弄されて「弱小」へ

インカレ優勝、ＭＶＰという看板を引っ提げて、わたしが次の進路に選んだのは、再三書いてきた「トヨタ自動車」だった。

この選択は、当時のバスケットボール界を知る人ならば驚くかもしれない。誰よりも「勝ち」にこだわったわたしが、弱小チーム「トヨタ自動車」に入ったのだ。

面白い話がある。

母親が切り出した。

「トヨタにバスケ部なんてあるの？　そんな訳のわからないところに本当に行くの？」

その言葉には、戸惑いと若干の怒気が含まれていた。

日本一の大学のキャプテンでエースだったこともあり、わたしの元には、多くの実業団チームからのオファーが届いた。住友金属といった当時の強豪チームからの誘いもあった。

そんな中で選んだトヨタ自動車。

5シーズン前までは2部リーグに所属していて、1部昇格後は毎年、リーグ戦で最下位争いを繰り広げている、いわば〝お荷物チーム〟だった。

バスケットボールに詳しいわけではない母親は、そのチームの存在すら知らなかった。そして「武彦は、自分が知っているような有名なチームに進む」ものだと思っていたらしい。

わたしに言った「そんな訳のわからないところに本当に行くの？」という問いは、そのトヨタ自動車バスケットボール部の監督が挨拶に、わざわざ実家まで出向いてくれ、監督

トヨタ自動車バスケットボール部の戦績（〜1993年）

年度	リーグ	部	回	順位
1984	日本リーグ	2部	18	5位
1985			19	3位
1986			20	3位
1987			21	準優勝
1988		1部	22	10位
1989			23	11位
1990			24	12位
1991			25	10位
1992			26	7位
1993			27	8位

を見送った後にわたしに掛けた言葉である。

ちなみにわたしが家族に何かを報告するときは、すでに物事が決まっていることが多い。このときもそうだった。母親からしたら、いきなり実業団チームの監督が来て、「よろしく」という話になったことになる。面食らうのも無理はなかった。


トヨタ自動車を選んだのには、いくつかの理由があった。

大きかったのは、〝そういう時代〟だったこと。

当時のバスケットボール界には、いわゆる〝学閥〟があり、学生たちの進路の主導権も〝大人たち〟が握っていた。出身大学によって、行けるチームとそうでないチームがあったのだ。

大学時代、わたしのもとに舞い込んだ「来ないか？」という複数の実業団からのオファーも、そのほとんどが「そもそも行けない」ところばかりだった。

本心を言えば、第一希望はケン（佐古賢一）とのプレーだった。これは、この後もずっと変わらないほど強い思いだった――彼ほどプレーをしていてわくわくした選手はいない。その理由は、後述したいと思う――が、わたしの希望はまったく聞き入れてもらえなかった。

ほかの大学の有望な選手たちに聞いても、状況は同じようなものだった。ある選手は、「そのチームに行くならいますぐ大学を辞めろ」とまで言われた。それを聞いて驚きもしない。それが当時のバスケットボール界だったのである。

ほかにも、「うちに」と誘ってくれる魅力的なチームがあったが、日本大学出身者はいなかった。学生日本代表で「日本大学」というだけで冷遇された経験があり、そのことがフラッシュバックした。実力だけではどうにもならないことがある。

結局、そうしたしがらみのなかったトヨタ自動車を選んだわけだ。

「弱かった」ことも決断を後押しした。

早くから試合に出られるかもしれない、そう思ったのだ。

例えば、あの頃のわたしにとって「日本代表になる」ことは大きな目標だった。代表候補には選ばれていたが、最終的な12人のメンバーに残ることはできないままだった。

日本代表を目指すには、まずは試合に出られなければ話にならない。強いチームには力のある先輩たちがたくさんいる。そこに進めば当然、ベンチを温める可能性が高くなる。

トヨタ自動車なら——。

「日本代表に入る。トヨタを俺の力で強くする」

母に告げたときにはすでにそういうメンタリティになっていた。

乗り出した「トヨタ改革」、まずは人

ただし、入社してはみたものの、そう簡単にはいかなかった。

バスケットボール部の成績は停滞したままで、リーグ戦では大きく負け越し、大差で敗れることも多かった。

勝とうが負けようが関係ない。

そんな選手が多かった。それが嫌でたまらなかった。

アウェーの遠征は特に嫌いだった。

選手たちは「出張」のノリ。現地に着けば、同じ部署の女の子から頼まれた名物のお菓子を探しに行き、帰りの新幹線の中では、どんなに情けない負け方をしようとも〝宴会〟が始まった。

言ってしまえば、企業の部活動のようなものである。いくら負けても、給料が下がることもない。選手たちが〝弛《たる》む〟のも、致し方ない部分もあった。

「勝者のメンタリティ」がないわけだ。

わたしだけがイライラしていた。

アスリートはよく、「楽しむ」という表現を使う。「自分らしく楽しみたい」「大舞台を楽しみたい」……。だが、わたしは生涯を通じて、バスケットボールを楽しんだことはないに等しい。「楽しみたい」と思ったこともない。

常に「戦い」だった。

〝2強〟の一角として常に勝ち続けてきた日大の学生時代のコーチや先輩たちの教えもそうだった。

「相手チームと何をヘラヘラ話してるんだ！」

「常に戦闘モードで行け！」

相手を倒さなければ、勝たなければ上には行けない――。当時、わたしたちにとって戦うことは当たり前のことだったのだ。

だから、この頃のトヨタ自動車バスケットボール部の空気に馴染めなかった。

決して不遇だったわけではない。狙いどおり、1年目から全試合に出場し、平均得点は19・3得点。そのおかげか日本代表候補にも選ばれた。だが、そんなことで気持ちはとても収まらなかった。

2年ほどそんな状態が続き、わたしはある決断をする。

「退社」である。

不満だったのはバスケットボール部だけではない。

選手としての環境も嫌だった。

わたしはバスケットボール選手ではあるけど「プロ」バスケットボール選手ではない。トヨタからしてみれば、社員なのだ。配属されたのは総務部。バスケットボール部の監督が室長を務めていたこともあり、スポーツ活動には理解がある部署だった。

だが、仕事をしながらバスケットボールをすることへの違和感はぬぐえないままだった。日々の業務は、備品に関するものが多かった。「電球が切れた」と連絡を受ければ替えに行き、「椅子を替えてくれ」と言われれば倉庫に取りに行った。当時のトヨタ自動車では、課長級から部長級に昇進すると、椅子に肘掛けが付いた。誰かの役職が上がるたびに、その椅子に肘掛けを付けに行くのも仕事だった。

縁の下の力持ち。これも立派な仕事だと頭では理解していた。でも一方で、「これを一生、続ける人生でいいのか?」「俺はバスケットボール選手として必要とされてここに来たんじゃないのか?」という疑問が、日に日に大きくなっていった。

退社と「契約選手」

「何か行動を起こさないと、このチームは変わらない」

自分の本気度を示すという意味も含めて、アクションを起こす必要があった。

中途半端な気持ちのまま会社の業務に当たる毎日にも、ケリを付ける必要があった。

何より、仕事が合わなかった。周りを見れば、プロ野球や誕生したばかりのJリーグの選手が華やかなスタジアムの中で、プレーし、喝采を浴びていた。かたや、同じスポーツをしていても、わたしは社員である。シーズンが終わった後にオフなんてない。会社の仕事をするのだ。けれど、プロになれば、仕事に時間を奪われることなく、自由に時間を使えるはずだ。

自分の中で、すでに道は決まっていた。

俺は、バスケットボールだけで勝負する——。

決意してすぐに、上司に退職届を出した。トヨタ自動車でバスケットボールをすることをやめたわけではない。社員としての雇用契約を終了させ、「バスケットボールだけをする契約社員」として、再び契約を結んでもらったのだ。

いわゆる「契約選手」。事実上、プロ選手になったようなもので、日本バスケットボール界では異例の試みだった。

本心では、純然たるプロ選手になることを希望していた。

だが、折しも日本はバブル崩壊による不景気の真っただ中。「企業イメージ」や「世間体」といったものもあり、それは見送られた。

契約は1年ごとで、給料の査定に反映されるのはバスケットボールの結果のみ。自分の活躍次第で、給料を上げられる。時間も自由に使える。

翻ってそれは、選手として活躍できなくなれば、いつでもクビになることをも意味した。

でも不安はなかった。というより、先のことなど何も考えていなかった。

「トヨタ自動車のバスケットボール部を、そしてこの違和感だらけの生活をなんとかして変えたい」という思いに駆られ、行動に移したまでだ。

「そのとき、そのときにフォーカスし、どう乗り越えていくか」

この頃もいまも、このスタンスは変わらない。

「退部」して1年目、トヨタ自動車に入って3年目、チームの調子は少しずつ上向いていた。

その頃、わたしは日本人得点ランキング№1の座を不動のものとしていた。チームでも攻撃の第一オプション、いわゆるエースの役割を任されていた。

3年目は5位。4年目は準優勝。だからこそ、一層はがゆかった。ましてや、契約選手として戦っている身。バスケットボール選手としてチームに必要とされているにもかかわらず、「最高」の結果をもたらすことができていない——。

負けることに慣れてしまいそうになる自分もいた。

「いやいや、ありえねえだろ、こんなバスケ人生」

「俺は優勝しないと給料が上がらないんだ」

心に秘めた思いは、焦りといら立ちとして行動に出ていた。しかし当時はまだ上下関係が絶対的な時代。先輩たちに直接物申すことはどうしても憚られた。

5年目を迎えた頃だ。

わたしが入社したときに中心選手としてプレーしていた諸先輩が、引退し始めていたし、自分自身、それなりの結果を収めてきた自負も生まれていた。

ここで変えるしかない。

再び、行動に出た。

勝者のメンタリティ

低迷しているとき、必ず取り組まなければいけないのが「選手の意識」改革だ。

先に書いた「勝者のメンタリティ」である。

しかし現実として難しいのは、長くそのチームにいる選手やスタッフの意識を変えること。正攻法だが時間がかかる。

そこでわたしは一番効果的な方法を取った。

「勝者のメンタリティ」を持つ選手を集める。外から、それを持った「人」を呼び込むのである。先輩たちがひとり、またひとりとチームから離れるたびに、大学に通って見つけた「戦える選手」をスカウトし、引き入れた。

勝つためには何が必要なのか、専門書の類いも読み漁《あさ》った。思い返せばこのとき、わたしは「未来」の予行演習をしていたのかもしれない。

ただ、それだけではだめだ。たかが一選手がやること。当然、限界がある。組織を変えることは「ひとり」では不可能。これは、いまも胸にしまっている大事な原則だ。人を巻き込まなければいけない。

優勝できない理由には、会社がバスケットボール部に力を入れていないこともあった。勝っても負けても関係ない――。選手だけでなく、会社もそうだった。

当然のことではある。優勝したところで、大きな利益を会社にもたらすわけではない。積極的に投資しようとは思わないだろう。

でも、それでは勝てないままだ。

環境に原因があるのであれば、それ自体を変えるしかない。

そこで「会社」を巻き込むことにした。

幸い、バスケットボール部の顧問を務めていたのは、トヨタ自動車本社でも発言力がある上坂凱勇《うえさかよしお》さんだった。上坂さんは、バスケットボールについて熱い話ができる人だった。さらに、天下のトヨタ自動車の取締役（のちに副社長）でもあった。絶大な力を持っていたわけである。

直談判だった。

談判の場は、主に役員室。

上坂さんが座る椅子は本革張りの、いわゆるプレジデントチェアー。わたしが付け替えていた肘掛け椅子のレベルのものではない。椅子からして迫力満点だった。

上坂さんの周りには、スーツをびしっと着こなす部長クラスの面々が大量の書類を抱えてずらりと並び、どんな質問にも答えられるよう〝臨戦態勢〟を整えていた。

いま思い出すと滑稽だったろうと思う。

髪を染め上げた細い眉のバスケットボール選手がぽつんとひとり、手ぶらでやってくるのだ。あまりにも場違い過ぎて、気まずい思いはあったが、わたしはストレートに上坂さんに思いを伝え続けた。

「トヨタ自動車バスケットボール部を、優勝できるチームにしたいんです」

周囲を取り囲む管理職たちが、「はっ?」「なんだこいつ?」という表情を浮かべていたことを覚えている。

世界的企業の重役に、一バスケットボール選手が、青臭い相談を持ち掛けているのだ。それも当然だろう。だが、わたしはひるまなかった。

というより、それしか方法が浮かばなかったし、わからなかった。

「勝ちたいんです」

プレゼンのような資料や、レジメもない。あるのは「本気」だけだった。周りの反応も気にならなかった。どうすれば勝てるチームになるか。そのためには何が必要か。それを、ただただ訴えた。

思いが通じたのか、何かビジネス的な思惑があったのか。上坂さんが亡くなられたいまとなってはわからない。だが、上坂さんは顧問として力強く、チームの「改革」に全面協力することを約束してくれた。

さすがは上坂さんだった。

〝鶴の一声〟で多額の予算がバスケットボール部に注がれるようになり、改革は一気に進んだ。

まず人。すぐに優秀な外国人ヘッドコーチと選手がやってきた。

環境。選手専用の寮が用意され、光熱費といった雑費も会社もちになった。ウエイトトレーニングルームが作られ、クラブハウスもできた。

実は、トヨタ自動車バスケットボール部の後身チームである「アルバルク東京」がいまでも使っているNBAのようなクラブハウスも、上坂さんと推し進めた改革の中で作られたものだ。

それはすさまじい勢いの改革だった。自分が経営者になったいま、「ちょっとやりすぎだな」と思うレベルだ。余談だが、この改革の影響なのかその後、トヨタ自動車では、取締役は運動部会の顧問に就くことができなくなったと聞いたことがある。本当かどうかわからないが、トップダウンで決まってしまっては困る、ということだろう。それもわたしと上坂さんの〝遺産〟だ。

常勝の第一歩

入社して9年目、1部リーグが「ＪＢＬスーパーリーグ」という名称に変わった２００１―02シーズン。

トヨタ自動車はレギュラーシーズンを15勝6敗での4位で終え、プレーオフに進出した。入団してから順に8位、10位、5位、2位、12位、6位、4位、2位とチームは次第に力をつけ始めていた。

ＪＢＬスーパーリーグは、プロ化を見据えた新しい1部リーグで（2部を旧名称の日本リーグとした）、初めてホームタウン制が敷かれ、計8チームが戦う。その上位4チームがプレーオフを戦い、セミファイナル（2戦先勝）、そしてファイナル（3戦先勝）で日本一を決めた。

セミファイナルの相手はシーズン1位のアイシン精機。だが、勝率の差は僅かで、負ける気はしなかった。前年のファイナル、1勝2敗であと一歩「日本一」に届かなかった悔しさは、「勝者のメンタリティ」を獲得するチームに変貌させていた。

わたし自身も好調だった。

トヨタ自動車バスケットボール部の戦績（～2006年）

年度	リーグ	部	回	順位
1994	日本リーグ	1部	28	10位
1995			29	5位
1996			30	準優勝
1997			31	12位
1998			32	6位
1999			33	4位
2000		SL	34	準優勝
2001	スーパーリーグ		1	優勝
2002			2	準優勝
2003			3	6位
2004			4	4位
2005			5	優勝
2006			6	優勝

ボールを回してくれ。打ち切れる。

チームの第一オプションとしての自覚と自信が、そう思わせた。チームメイトも、それを信じてボールを繋いでくれた。「思い」を乗せて打ち切ったシュートは、次々とゴールに吸い込まれていった。

セミファイナル、チームは連勝を飾り、2年連続のファイナルへと駒を進める。

決勝の相手は、いすゞ自動車。初戦を94対79で制し、優勝に王手をかけて迎えた第2戦は、いまでも忘れることができない試合だ。

試合会場を埋め尽くした満員の観客。

終盤まで、まさに一進一退の攻防。

試合終了を告げるブザーが鳴ったときのスコアは、69対66。わずか3点、トヨタ自動車が上回っていた。大歓声は、長い歴史が変わった証《あかし》だ。

改革に乗り出してから4年、ついにスーパーリーグ優勝――「日本一」の座にたどり着くことができた。個人としてもMVPをもらった。

トヨタ自動車時代で、一番、うれしかった瞬間だ。「ついに目標を達成できた」。上坂さんとの「共闘」の日々が、頭を駆け巡った。

その後も、有力な選手をチームに引き入れた。

高橋マイケルや、古田悟ら日本代表クラスに次々と声を掛け、ときには飲みながら、ときには真剣に未来を示し、誘い入れた。

わたしが在籍している間にスーパーリーグを3回、天皇杯を1回、計4回の日本一を獲得する。トヨタ自動車は「常勝軍団」と言えるまでになった。

それだけ「チーム作り」は大切だということだ。環境を整え、強くなれば、自然と「勝者のメンタリティ」を持つ選手が集まり、さらに強くなるという循環が生まれる。

トヨタ時代の経験は、わたしにとって大きな意味を持っている。

※

「勝者のメンタリティ」と誤算

再び話を北海道に戻す。

レラカムイに来て2年、最下位とそのひとつ上の7位と振るわない成績。

選手層の薄さは、間違いなく大きな課題だったし、初めてチームメイトと会った瞬間からどこか自信のなさがうかがえた。

「勝者のメンタリティ」が感じられなかった。

わたしは、1シーズン目が終わったタイミングで、トヨタ自動車のときのようにまず「人」を集めようとした。

具体的に言えば、「日本人ビッグマン」――つまり、背が大きくて、攻守においてパワーのあるプレーができる、パワーフォワードやセンターフォワードの選手の獲得だ。

JBLは、このシーズンから、外国籍選手が常に2人コートに立てる「オン・ザ・コート2」から、常時1人の「オン・ザ・コート1」にルールを変えた。

これにより、日本人ビッグマンの重要性が増していたというのも理由のひとつだった。

パワーフォワードとセンターフォワードの2人を外国人選手に頼り切ってきたレラカムイにとって、このルール変更は大きな課題だった。

多くの選手に声を掛けた。

自腹になろうとも、北海道からどこでも行った。熱意を伝え、説得をし続けた。

そうして、初期メンバーの13人のうちの約半数が入れ替わった。

リーグで互角に戦う戦力になったはずだった。

予想は大きく外れた。

正直に言えば、経験したことがない状態。簡単に突破口が見当たらない。自分でも、どうすればいいかわからなかった。

確かに戦力は整えたはずだ。

この選手たちであれば、「勝者のメンタリティ」を獲得できる。チームの雰囲気だって決して悪くはない。試合が始まれば試合会場は満員である。そして8チーム中7位なのだ。

問題はそれ以外にも起き始めていた。

わたしの「2年契約」が終わり、新たな契約を結ぶ必要があった。北海道を出るつもりはなかった。

「勝てないのにつめかけてくれるブースター」や「北海道」に、いままでにない愛着と恩返しの気持ちがある。返すまではやめられない。

チームは低迷していたものの、わたしのスタッツは悪くなかった。このとき39歳。全35試合に出場し、プレータイムは平均34分。平均得点は13・7。ポジション別でもっともレギュラーシーズンに活躍した選手に贈られる「ベストファイブ」（優秀選手賞の位置づけだ）にも、5年ぶりに選ばれていた。

しかし、提示された年俸は、大幅なダウンだった。

大減俸に隠された事情

そんなに？

目を疑った。想像すらしていなかった。

確かに、チームの成績は振るわなかった。減額はのむつもりだった。

ただ、それにも限度がある。リーグに5人、各ポジションにひとりしかいない「ベストファイブ」に選ばれるほどのプレーをした。それを1500万円ものマイナスと評価されるのか――。

最初、交渉の席にわたしは出ず、マネジメントをしてくれる知人にその一切を任せていた。

しかし、どういうわけかその知人が、「これは折茂、お前が話をしたほうがいい」と言ってきた。そして、金額を聞いて呆れた。

交渉を担っていた横田陽（現在わたしと共同代表としてチームを支える男で、移籍当時のわたしは「クソ」だったと振り返った男だ）は、わたしのマンションまでやってきた。そして、さんざんわたしからの罵声を浴びたあと、言ったのだ。

「すみません、もう会社にお金がないんです。これしか払えません」

あとで聞くと、このとき横田はかばんにいっぱいの資料を詰め込んでいたらしい。同じようなスタッツのほかのチームの選手の年俸比較やリーグ全体の年俸事情などなど。でも、それをひとつも出さずに、本当の理由を言った。

そもそものチームの姿勢に、不満を覚えていたわたしは、――もちろん自分の給料が、チームの中でも、リーグ全体を見回しても破格であることは知っていた上で――もし横田が「リーグ全体のバランスが」とか「スタッツが」、「プレーの貢献度を分析した上で」などと言い始めていたら、手に負えない状態になっていただろうと思う。収まりがつかず、契約書を破り捨てていたかもしれない。

横田が発した「言葉」は、素直だった。本当のことだった。少なくとも信ずるに足る「言葉」だった。

そういえばこのシーズン中（２００９年）の12月に、アウェーの試合の移動が突然、当日移動に変更されたことがあった。経費を削るためだ。「これではコンディションも何もあったものではない」。チームから批判的な声が続出し、当時、キャプテンだった桜井良太が社長に説明を求める事態にまで発展していた。

だから信じた。

考えてみれば、わたしの年俸だけでなく、強くしたい一心で多くの日本代表選手を誘い入れていた。ここはトヨタ自動車ではないのだ。経営はひっ迫するはずだった。

横田の言葉が、大減俸を受け入れさせた。

しかし、このときはまだ気づいていなかった。「会社にお金がない」という言葉の本当の意味を、そしてシーズンが始まってからより大きな問題が起きることを――。

横田には「サインは、最後にする」と伝えた。

ギリギリまで粘って、金額を増やそうとしたわけではない。

もしわたしが先に大減俸を受け入れた、となれば、それが交渉材料にされ、ほかの選手たちの査定にもマイナスの面で大きく影響を与えてしまうと思ったのだ。

「折茂がこれだけマイナスなので」とか「折茂も大減俸をのんだのか」……そんなふうに言われたり、思われたりすれば、多くの選手は不満があってもサインせざるを得なくなる。

残りの選手の契約をぜんぶ終わらせたらこの金額でサインする。

そう言ったわたしの提案を横田は受け入れ、責任を果たした。

この後のシーズン、レラカムイ北海道は再び7位という低調な成績で終えた。そして、このシーズンが「レラカムイ北海道」として1シーズンを戦った最後のシーズンとなる。

給料未払い、ボイコット、除名

ここからは主観をなるべく少なくして事実として記しておく。わたしから見た、レラカムイの最後である。

北海道に来て4年目、4シーズン目を戦っていたわたしたちレラカムイ北海道は、20

10－11シーズン中盤を過ぎた1月19日、リーグから「除名」処分を受けた。つまり、JBLは「レラカムイ北海道」をチームとして認めない、除外するという意味である。

発端は、「お金」だった。

そもそも、シーズンが始まってすぐその兆しは表れていた。給料が支払われていなかったのだ。

月末になると若い選手を中心に、「給料、入った?」と確認し合うのが常となっていた。その姿は、見ていられないものだ。わたしのように、それまで高い給料をもらっていた人間はまだどうにかなる。しかし、プロバスケットボール選手としての夢を抱いてやってきた若い彼らは最初から高給を取れるわけではない。

わたしや蓄えのあるほかの年配者――例えば、山田大治《やまだだいじ》らが食事に連れて行き、なんとか彼らの生活を支えようとした。

「訴える」「試合をボイコットしよう」

そんな声も大きくなっていた。

当たり前である。もしわたしが同じような年代だったら、その急先鋒になっていただろう。わたしは選手たちをなんとか説得しようとした。

「俺が社長に相談する。試合だけは続けよう。あれだけのファンが来てくれて、応援してくれているんだから」

いま思えば、本当にたいした「成長」だと思う。みんなもなんとか納得して、試合だけは続けた。当然のことながら、まったく勝てなかったのだが。

あの頃は、会社の仕組みなんてひとつもわかっていなかった。

40歳、社会人として18年目を迎えていて恥ずかしい話だが、どうやってチームが成り立っているのか。どこでお金がかかるのか。「なんで、ないの？」という疑問しか浮かんでこなかった。

混乱は現場にも起きていた。アシスタントコーチが選手登録されたこともあった。人件費を削減し、規定の選手数を埋めるためだった。

シーズン中、経営改革として水澤佳寿子社長が経営権を持つオーナーとなり、ほかの人物が社長職に就くも短期間でまた別の人物と入れ替わるという泥沼劇もあった。

そして年末。チームから通告があった。

「お金がないから、年明けすぐの天皇杯には出られない」

わたしは、水澤社長と電話で連絡を取り合い、なんとか「天皇杯出場と給料の一部を払う」という確約を取り付けた。長い電話だった。しかし、その天皇杯が、レラカムイの最後の試合となった。

この後の流れは極めて複雑だ。

レラカムイが除名された理由は運営会社の「虚偽決算」――粉飾だった。

これを受けて、不満が頂点に達していたわたしたち選手はリーグと共に記者会見を行なった。運営会社には何も言わないままでの会見だった。

しかし、このときの選手たちの姿は忘れることはない。

クラブハウスなど当然ない。毎日変わる練習場。北海道なのに暖房器具のない体育館を借りた。体を動かしても寒い日は、バスケットボールの練習どころではなかった。そんな日々を送りながら、ブースターのためにとお金すら払われない状態で、プレーを続けたのだ。

このニュースは母体企業を持たないプロチーム、バブル崩壊後の長引く不況、北海道経済の冷え込みなども加味され、スポーツビジネスの難しさの一例として注目された。

わたしにとっては、初めて、大企業がバックにあってプレーする実業団のありがたみがわかった瞬間だったかもしれない。プロであるということは、その経営を独立した形で成立させなければいけない。

レラカムイを立ち上げた水澤社長にも言い分はあったろう。

いまとなっては彼女がどれだけの思いを持ってチームを立ち上げたか、その思いはよくわかる気がする。そのくらい北海道は魅力的だ。しかし、それとチームの存続とは、別問題だった。

第3章
必要とするより、されろ

２０１１年、「レバンガ北海道」誕生。
それは、わたしの選手兼経営者の日々のスタートでもある。
人に頭を下げたことがなかった男が飛び込んだ経営の世界。
振り返れば、いや、振り返ることもできないほど過酷だった。
思い知った「お金」という現実の重さ。
だが、その傍らにはもう一つの現実もあった。
「思い」が「人」を繋ぐ――。
苦難の中での気づきは、わたしの大切な道標となった。
「思い」こそ、目下の「新時代」に必要なことではないだろうか。

チームに、人に「必要とされる」ものであれ

長く続けるために必要なもの

選手兼社長——そんな肩書きになるのは、これからである。

実は社長になると決めたとき（前にも書いたが、最初の2年は社団法人だったから正確に言えば当時は「理事長」である）、そこまで強い「覚悟」があったわけではない。

突き動かされたのは、「北海道」にバスケットボールチームを残したい、という思いだけで、それも「なんとかなるのではないか」という楽観的なものだった。

まさか、あれほどまで辛い日々がやってくるなんて、もちろん想像していない。どんな日々だったのか、それをこれから綴っていく。

その前に、じゃあなぜそんな日々を耐えることができたのかについて、触れておきたい。

50歳になる年まで続けた選手人生。それ故に、「長く現役でいる秘訣は？」という質問はよく受けてきた。

答えはいくつかある。

まずは、第1章で書いたとおり、能力がなかったことだ。「自分がどうすればこの世界で生き残れるか」を人一倍考えたことで、能力や体力任せではなく、頭を使ってのプレーが身についた。

もう一つは、大きなケガをしなかったこと。この点はさまざまなサポートなしには語れない。もっとも大きかったのは両親。細かったけれど強い体に生んでくれた。そして、トレーナーにも感謝したい。

もうひとつは「ＮＩＫＥ《ナイキ》 ＪＡＰＡＮ」。わたしは、もうかれこれ25年近く、ＮＩＫＥと契約をしている。たぶん、日本人で初めてＮＩＫＥと契約したバスケットボール選手だと思う。四半世紀も契約しているプロ選手がほかにいるのかどうか、わたしは知らないが、これはひそかな誇りだ。

ＮＩＫＥと契約する以前、細身だったわたしに国内メーカーのシューズはなかなか合わなかった。いまでこそ多くのメーカーがオーダーメイドで選手の足に合わせたシューズを提供しているが、当時は「一般的な日本人」をモデルにしたものが多かった。

一般的な日本人の足の特徴は幅広甲高だ。しかしわたしは、足が細く、その特徴とは正反対だった。国内メーカーのシューズを履くと、どうしても「遊び」ができてしまい、激しい動きやジャンプをするとその遊びのせいで捻挫《ねんざ》をする。若い頃はとにかく捻挫が多かった。

NIKEは足の細い外国人に合わせて作っているため、フィットした。以来、ほとんど捻挫もケガもしなくなった。

そんなさまざまな出会いの中で、わたしは長く続けることができたわけだ。本当に感謝しかない。


こうして長く続けられた理由と、冒頭に書いた辛い日々を乗り越えられた理由に共通するものがある。

「必要としてもらえた」ことだ。

北海道に来て、たくさんの人に必要としてもらった。応援し、支えてもらった。だから頑張れた。それがなければ、確実にわたしの現役生活は短くなっていた。

そして、辛い日々も乗り越えることができなかっただろう。

「必要としてもらう」こと、バスケットボールでも同じことが言える。選手として「必要とされる」というのは、試合に出続けるということだ。

バスケットボールはほかのどのチームスポーツと比べても、一チームあたりの選手数が少ない。試合に出ている選手5名に加えて、ベンチに座って試合に出る権利を持っているのは最大で7人。つまり、12人という少ない枠に入らなければ、試合に出られない。

試合に出続ける、つまり必要とされる。そのことで、わたしの人生に決定的な影響を与えた人物がいる。

※

嘘をついたヘッドコーチ

ジェリコ・パブリセヴィッチ。旧ユーゴスラビア出身の彼が日本にやってきたのは20

03年のことだった。わたしがトヨタ自動車に在籍していて、33歳を迎える年だ。

ジェリコは、NBA史上もっとも有名なチーム、1990年代のシカゴ・ブルズを支えたトニー・クーコッチらを育てた名将だった。そんな彼が、日本代表のヘッドコーチとして来日したのである。

彼が来たとき、わたしの頭の中に「日本代表」はすでに存在していなかった。十年近くプレーをしてきたし、若い選手も出てきていた。アジアでも難敵・中国に歯が立たず、世界と戦うためには若返りが必要な時期でもある。彼が来日する前年、32歳のとき、わたしは代表を辞退していた。

そんなわたしに、ジェリコが「日本代表に来てほしい」と言ったのは、2006年（つまり、わたしが「北海道」に行く前年）のことである。この年、日本で世界選手権が行なわれる予定だった。

ジェリコが来日して以降、日本代表でプレーをしていなかったので寝耳に水だった。

わたし自身のトヨタ内での立ち位置が変化していたのも書いてきたとおりだ。スタメンを外れることが増え、出場時間は徐々に減っていた。チームで出られていないのに、日本代表だなんて考えられなかった。

最初に言われたのは、代々木第二体育館のベンチ裏の通路だ。ジェリコは会うなり、こう切り出したのだ。

「いまの代表には君が必要だ。力を貸してくれないか」

オリンピックに出て、日本のバスケを変える――。佐古賢一（ケン）と誓い合った夢を諦めたわけではない。ただ、どうしても行く気にはなれなかったし、そもそもジェリコが本気で言っているとは思っていなかった。

ジェリコの練習は「めちゃくちゃ厳しい」ことで有名だった。毎年、1カ月にもわたる「ヨーロッパ合宿」がある。これがものすごいきつさだ、というのは代表経験者から聞いていた。真剣に聞いていたわけではなかったのだが……。

36歳のわたしが練習についていけるはずもない。

しかし、ジェリコは会うたびに説得してきた。

トヨタ自動車には日本代表に選ばれているチームメイトもたくさんいた。彼らにも「折茂は来る」と言っていたらしい。古田悟らの面々から「ジェリコ、折茂さんが来るって言ってますよ？」と伝えられた。

本気なのか？

ついにジェリコは、「お前は特別メニューでいいから」とまで言い始めた。
そんなに必要としてくれるなら……。わたしは4年ぶりに日本代表に合流する。

いざ、代表合宿に参加してみると、待っていたのは初日から若手と同じ「フルメニュー」だった。「嘘じゃないか、騙された」。そう思ったけれど、これがわたしを「生き返らせた」決定的な出来事だった。

走り込みにつぐ走り込み。極めつけの高地トレーニングでは、足がもつれて転び、若手から「大丈夫ですか？」と心配もされた。でもフルメニューを全部こなした。

あとで聞いた話だ。ジェリコは、わたしを「使って」、育ってほしい若手にはっぱを掛けたかった。

「36歳のオリモができるのに、お前らにできないわけがない」

わたしはまんまと騙されたのだ。

しかし、プレーには明らかな手ごたえがあった。迎えた世界選手権では、全試合スタメンで出場し、すべての試合で二桁得点を記録した。チームもベスト16まであと一歩というところまでの躍進を遂げた。

「俺、まだできるな」

人間の体は面白い。20分しか試合に出ていないと、「20分の体」になってしまう。でも、40分出続ければ、「40分の体」になる。試合に出続けることで、体もその気になる。

この経験は、「北海道」に移籍以降も何度も経験した。

わたしが長く現役を続けられた要因のひとつは、間違いなく試合に出続けていたからだ。

それは、つまり「必要とされた」からに他ならない。

必要とされることは、その人自身を変える。

そう、北海道がわたしを必要としてくれたようにだ。


過酷だった「選手兼社長」の日々。いつも心の中にあったのは「北海道」の人たちの思いだった。「北海道に来てくれてありがとう」と言ってくれたみなさんの顔である。

この地にプロバスケットボールチームを根付かせたい。

「一度、チームが消滅した。わたしがもう一度、破綻させたら二度と北海道の地にバスケットボールチームはできないだろう」

みなさんの顔を思い浮かべながら、「必要とされたい」と前進する力をもらった。ジェリコとバスケットボールから学んだことである。

※

再開後、二つの衝撃

北海道に話を戻す。

レラカムイが除名されたのはシーズン中。そこから、ＪＢＬに運営を預かってもらい、残るシーズンを戦う日々が続いた。

レラカムイ北海道というチーム名は出せない。苦肉の策で「北海道バスケットボールクラブ」として再出発することになる。ユニフォームは用意できず、「レラカムイ北海道」のユニフォームを着て、チーム名やスポンサーロゴを布で隠してプレーした。

不安に襲われる一方、「きっとリーグがなんとかしてくれる」と楽観的に考えていた部分もあった。何しろ、チームが除名された経験などあるわけがない。行く先の想像などできないのだ。

実際、リーグは助け船を出してくれた。選手たちの給料もなんとかしてくれた。初めて言うが、これらのすべてをお膳立てしてくれたのは長さん——吉田《よしだ》長寿《ちょうじ》ＪＢＬ専務理事（当時）だった。

長さんは日本大学の先輩でもある。北海道にプロチームを残そうと奔走してくれた。レラカムイが除名されても、「北海道バスケットボールクラブ」としてチームを残し、レラカムイを支えてくれたスポンサーに挨拶に行き、継続支援の交渉をしてくれた。そして、来シーズン以降「北海道バスケットボールクラブ」——新たなチーム名をつけやすいようにと、こういう特徴のないチーム名にしたらしい——の運営をする会社を探し続けてくれた。

しかし、楽観的だったわたしにやってきたのは、二つの衝撃だ。

ひとつは、観客動員だった。これまで試合会場を埋め尽くしてくれたブースターが、試合をするごとに減った。それまでは平均４０００人が「レラカムイ北海道」を応援してくれていたのだ。

レラカムイではなくなった新しい北海道のチームからファンは離れていった。メンバーは同じでも、ごたごた続きで、しかも勝てないわたしたちは、急速に求心力を失いつつあった。

その最大の衝撃は2011年3月4日だ。「北海道バスケットボールクラブ」としてシーズンを戦って約2カ月。地元・札幌での日立戦。

スタンドはガラガラだった。

来場者数は395人。

チームはもちろん、JBLのワースト記録らしかった。

これは本当にまずいかもしれない。正直に言うと、給料の未払いよりもこたえた。プロというのは、お金や環境ではない。ファンに「必要とされてこそ」だったのだ。あの衝撃は一生忘れない。もう、二度と味わいたくない。人生でもっとも辛い出来事のひとつだ。

もうひとつの衝撃は東日本大震災である。

ガラガラのスタンドを見上げて一週間も経たない間に、起きた大震災。わたしたちは、そのとき試合のために神奈川県にいた。試合は中止になり、その後の被害は周知のとおりだ。

帰ってから見た北海道は、想像したよりは被害が少なく見えた。東北の惨状に胸を痛めつつ、日常生活を送れることに安堵《あんど》した。しかし、わたしたちにとって震災の影響は別のところで現れた。

「北海道バスケットボールクラブ」を運営してくれる会社が決まらないのである。長さんの精力的な営業もあって、興味を示してくれる会社が数社あった。公募もした。しかし、そのすべてが震災で止まった。

リーグは中止された。

最下位で終えたシーズン、わたしたちは翌シーズンまでに運営会社を探すほかなかった。震災後の不景気、除名というマイナスイメージ、戦うべきところはたくさんあった。

※

選択肢は「やる」しかなかった

「長さんがやればいいいんじゃないの?」

長さんからの相談にそう答えたが、考えは察していた。わたしが、新しいチームの運営を引き受けなければいけない。覚悟を固めつつあった。とはいっても、ここにも悲壮感があったわけではない。持ち前の「なんとかなるだろう」という思いがあったのは事実である。

移籍も選択肢にはあった。引き合いもないわけではなかった。しかし、「北海道で最後を迎えたい」という思いを上回るものではなかった。

4年間で北海道がわたしに見せてくれたものは、それくらいすばらしいものだった。だからこそ、だ。

引退も考えた。そういう年齢だ。だが、こんな終わり方では美しくない。負けても、負けても、会場に足を運び、勝利を信じて声援を送り続けてくれたブースターたち。失望させたまま終わるのは、あまりにカッコ悪いじゃないか。

やるなら、選手兼任。

長さんと、チーム存続の方法について真剣に話し合いを重ねるようになった。ただ、長さんはなかなか切り出さなかった。

バスケットボール界はもちろん、日本のプロスポーツ界を見渡しても前例がない。普通に考えれば、現役選手と運営会社の社長を両立できるわけもない。

もちろん、とても自分からは言い出せなかった。

そんな中、長さんが冗談半分に切り出した。

「選手がやっちゃいけないっていう規約はない」

思い返せば、これが決め手だった。

「じゃあ、やっちゃいますか」

わたしの思いは決まっていた。「北海道でプレーを続けたい」。だから、長さんの言葉にも、すぐに反応できた。そして、それを実現するには、自分がやるしか思い浮かばなかったのだ。

初めての営業回り

シーズンが終了すると、わたしは「株式会社北海道バスケットボールクラブ」を立ち上げた。資本金50万円の小さな会社だ。運営会社が見つからない中での苦肉の策ではあったが、チームがなくならないことに胸をなでおろした。

やるべきことはいろいろとあった。

わたしをはじめ、レラカムイに所属した選手はみな「移籍選手名簿」に載ることになる。

つまり、すべてはこの小さな会社次第になったわけだ。

社長としてのわたしの最初の仕事は「資金」集め。

チームは作れたが、ＪＢＬスーパーリーグの舞台に立てると決まったわけではない。

レラカムイ北海道が新規参入をしたのと同じように、新たなチームがリーグに加盟するには審査が必要だ。そのタイミングは２０１１年6月9日。一カ月しか時間がなかった。

リーグから出された条件は、「最低５０００万円の資金を集めること」。

そのくらいのお金がなければ、また同じ轍《てつ》を踏むかもしれない、そういった意味合いもあったと思う。

承認されたとしても、シーズン開幕は10月。メンバーは遅くとも7月頭には決まっていなければいけない。

何もかも、残された時間はほとんどなかった。

スポンサーを集めるための営業回り。

初めての経験は、面食らうことばかりだった。事業計画を立てたこともなければ、予算を組んだこともない。それればかりか、これまでの人生で人に頭を下げる経験など数えるほどしかしたことがない。

スーツはどんなものがいいのか。会って何を説明するのか。そもそも、名刺はどうやってもらい、渡すものなのか――。

営業が終わり、相手の姿が見えなくなるといつも「あんな言葉遣いで大丈夫だったか」「何か無礼なことをしてはいないか」と、不安が脳裏をよぎり、一緒に付き合ってくれる社員に感想を聞いた。

ダメなところがあれば指摘してもらい、改善をしようと頭に叩き込んだ。

とはいえ、たいそうな話はできない。そこは割り切っていた。

「北海道にプロバスケットボールチームを残したいんです」

「わたしは北海道に恩返しをしたいんです」

伝えることができるのはその思いだけである。

例えば、支援してもらえればどんなメリットを提供できるか、社会貢献や地域に対してどんな役割を果たそうと思っているかといった、いまでは当たり前のようなことも、頭の中に浮かんでいても言葉で伝えることができない。

できないことより伝えられることを。そんな感覚だった。それでも伝わる、支援をしてくれるのではないか、そんなおごりもあったかもしれない。

「あのバスケでしょ?」

実際に直面したのは、予想以上に「厳しい現実」だった。

最初に回ったのが、レラカムイ時代からサポートをしてくれた企業。次に、新しく可能性のありそうな企業。しかし、どこに行っても首を縦に振ってもらえなかった。

新しく作った運営会社は、ファンタジア社からの債権や債務を引き継いでいない。しかし、その〝負のイメージ〟はつきまとったままだった。

「バスケットチームって、あのチームでしょ?」

「あんなことがあったから、ちょっとうちは厳しいかな」

まったく違うチームなんです——。わたしの話し方が稚拙だったこともあり、いくら訴えても聞く耳を持ってもらえなかった。

どの企業に行っても、どんな伝え方をしても、良い返事はもらえなかった。

「どうせ、また飛ぶんでしょ？」

辛辣な言葉が、胸に痛かった。だが、いくら「変わった」と訴えたところで、外から見たら同じバスケットボールチーム。「一緒」と思われても仕方がなかった。

社長をするにあたって経営や営業の勉強はしなかったのか？　よく聞かれる質問だが、答えは「ノー」だ。そんな悠長なことをしている暇はなかった。何せ、リーグへの加盟の可否が審査されるＪＢＬの理事会、総会が開かれるのは１カ月後。とにかく５０００万円を集めなければ、すべては水の泡になってしまうのだ。

営業を始めようやくわかったことが、このチームは「マイナスからのスタート」だ、ということである。わたしや、チームメイトにとっては心機一転、新たなチームによる出発かもしれない。しかし、もともと「レラカムイ北海道」を応援してくれていた人たちはもちろん、そうでない人たちでも、一様に口を揃えるのだ。

「うちは無理むり、あのバスケでしょ」

多くの北海道の人たちにとって、連日報道されたレラカムイの破綻は、ネガティブな印象をもって語られていた。そして、同じチームにいたわたしたち。それを受け継いでなんとか再建しようとしているが……本当に大丈夫なのか？――そういうふうに思われていたのである。

もちろん、新しいまったく別のチームだと知った上で、レラカムイで期待にこたえられなかったわたしたちに失望した人たちもいただろう。

思いはそれぞれ濃淡があったと思う。けれど、とにもかくにも、「マイナスからスタート」することを受け入れなければ始まらない。この現実は、わたしの神経をむしばんでいった。

「厳しい現実」は〝外側〟だけではなかった。

会社の内側――なんと言っても人がいなかった。

やるべきことは資金集めだけではないのだ。

立ち上がったばかりとはいえ、チームを信じて「移籍を決めずに」いる選手もいる。シーズンに向けた練習場の準備、手配、合宿や移動のチケット、試合会場でのスムーズな進行……資金集め以外にもやることは山ほどある。

それをたった3人でこなしていた。わたしを含めてである。

いま思えば、なんてことをしていたのだろうと、反省しか思い浮かばない。スタッフの給料を含めそれが限界だったことは事実としても、だ。

2020年現在、レバンガ北海道の運営会社・株式会社レバンガ北海道には、24人のスタッフがいる。適材適所に人員を割り当てられる、チームの規模に見合った人数だと考えている。みんなが一生懸命やってくれているのは承知の上で、いまがあるのはこの2人のおかげであることは知っておいてほしいとも思う。過去の苦労に支えられて、「レバンガ北海道」はバスケットボールができていることを。

3人のうちのひとりである本多郁隆《ほんだいくたか》さんは、もともとレラカムイ北海道の株主だった人だ。男気が強く、波長がよく合った。ビジネスでも成功をしていて、わたしが会社を立ち上げる経緯を知ると、「じゃあ、手伝ってやるよ」と運営会社に参加してくれた。

もうひとりの女性は沼村詩《うた》さんと言って、レラカムイ北海道の運営会社の社員だった。レラカムイがなくなってからも関連会社で働いていた彼女にわたしから「お願いします」と助力を頼んだ。レラカムイ時代は相当、わたしのわがままで振り回したが、力を貸してくれた。ちなみに、名刺の受け渡しの作法を教えてくれたのは沼村さんだ。

いまは2人ともバスケットボール界から離れている。

想像を絶する苦難が次々と訪れ、喜びなど皆無の日々。それでも、「北海道にバスケットボールチームを残したい」というわたしの思いに懸けてくれた2人である。

「帰らせてください」

わたしの焦りは、少しずつ大きくなっていた。

チームを作る、といって会見までしたもののリーグ参加の条件である5000万円はかなり高い壁となっていた。選手としての仕事もある。

怒濤の2011年はロンドン五輪の前年にあたった。つまり、五輪予選が始まる。出場権獲得に近づく大事な大会、中国で開催される東アジア選手権が6月に控えていた。

4月にはその代表候補が発表され、わたしもそこに名を連ねていた。

練習が始まると、社長としてではなく、選手として東京に飛んだ。

わたしのオリンピックへの思いは、相当なものがあった。ずっと「オリンピックに出られれば、日本のバスケは変わる」と信じていた。余談になるが、2020年に行なわれるはずだった「東京五輪を目指してそれまで現役を続ける」と言っていたのも、そのくらい大きな存在だからである。

そんな思いとは裏腹に、合宿先でも会社からの電話が鳴り続けた。日の丸が付いたジャージを着ながら、コートの外で業務報告を受ける毎日。時間が空けば、東京でひとり、営業回りもした。

札幌に戻れば、今度は営業の合間を縫ってテレビに出演し、「北海道にチームを残したい」と訴えた。新聞や雑誌の取材も可能な限り受け、チームの存在をアピールした。営業、営業、テレビ出演、取材、営業、営業、代表合宿、日の丸を背負いながら電話……。届かない思い。集まらない資金。刻一刻と迫るタイムリミット。

訳がわからなくなっていた。

「さすがに、もう無理」。心が、そう訴えていた。

二つの〝代表〟は、あきらかにキャパシティーオーバーだった。

日本代表の五輪切符を懸けた戦いは、東アジア選手権だけではない。たとえ負けたとしても、次のチャンスがある。

だが、「北海道」にはこのチャンスしかない。ここを逃せば、おそらくバスケットボール文化が北海道から途絶えてしまう。

わたしは、代表スタッフに告げた。

「チームを運営する業務に専念します。すみませんが北海道に帰らせてください」

これがわたしの最後の日の丸だった。

ウルトラCの腹案

いまだから明かせるが、資金集めに奔走する中、ひとつの「案」がわたしの頭にあった。もうひとつのリーグへの鞍替えだ。

当時の日本のバスケットボールリーグは、二つに割れていた。

ひとつは、わたしたちが所属しているJBL。企業チームを中心に、名前や形を変えながら、日本のバスケットボールの歴史を紡いできたリーグだ。

もうひとつが、「日本プロバスケットボールリーグ」、通称bjリーグ。なかなかプロ化に踏み切れない日本のバスケットボール界にしびれを切らしたチームや関係者がJBLの前身リーグを脱退し、2005年に設立した日本男子初のプロリーグだ。

プロと言うとお金がかかるように思うかもしれないが、お金がかからないのがbjリーグだった。

ＪＢＬは、大企業がスポンサーになっているチームが多く、その分、契約選手には高い年俸が支払われていた。トヨタ自動車時代のわたしがその例だ。また、それ以外の多くの選手は正社員である。ほかの社員と同じ福利厚生や給料体系の中でプレーをしている。必然、コストはかかる。

一方、当時のｂｊリーグはホームタウンに密着し、地域を巻き込んで魅力的なバスケットボールを展開していたが、まだ規模が小さく、一部の選手をのぞいて年俸も低く抑えられていた。

実際にｂｊリーグの関係者と会い、話を聞いてみたところ、「絶対にｂｊリーグのほうがリスクは少ない」とのことだった。

ｂｊリーグのほうが良いのではないか——。わたしは長さんに相談しに行った。

そして、わたしに一度も怒ったことがなかった長さんが、怒った。リーグの関係者からは、「あの人はめちゃくちゃ怖い」と聞いていたが、「これか」と思った。

「オマエをｂｊには絶対行かせない。首根っこつかんででもこっちでやらせるからな！」

長さんがＪＢＬの専務理事であることはもちろん、当時はＪＢＬが本流、ｂｊリーグが亜流という考えが色濃かった。長年、その本流で骨身を削ってきた長さんの気持ちもわからなくもなかった。

だが、まだ迷いは消えなかった。

スポンサー獲得がうまくいかず、チームの運営資金が予算を大きく下回るだろうことは予測できたからだ。つまり、今シーズンＪＢＬで戦えないかもしれないのだ。

チームに残ってくれた選手を全員、札幌の自宅に集めた。

「正直に教えてほしい、みんなはどっちのリーグでプレーしたい？」

選手たちの答えは、全員一致で「ＪＢＬ」だった。

「やるなら、高いレベルでやりたい」

このことを思い出すと、長さんには頭が上がらない一方で、日本バスケットボール界のこれからの課題についても、考えざるを得ない。二つのリーグが存在するような意思決定や、在り方には問題があった。これは、後述したい。

音が怖い、気分が悪い

会社立ち上げ当時の3カ月は、記憶が断片的になっている。

覚えているのはいくつかのシーン。そのほとんどがネガティブなものである。

例えば、「10万円でいいんです」と営業回りをし、必死に訴え続けたこと。反応は相変わらず冷たいままだった。

とにかくひとりになりたかったこと。

電話が鳴るのが怖くて布団を頭からかぶったこと。それでも着信音が聞こえてくると、心臓を鷲掴《わしづか》みにされたような感覚に陥っていた。携帯電話の電源を切ると、誰かが家までやってきた。休まる時間がなかった(いま思うと、あれはわたしを心配して駆けつけてくれたのかもしれない)。

ついには「音」に恐怖を感じるようになったこと。テレビもすっかり点けなくなった。人の話し声が聞こえると、気分が悪くなるのだ。この状態は、1年以上続いた。

暗く、静かな部屋の中。

ベッドに横たわっても、眠ることができなくなったこと。医師に相談し、一番強い睡眠薬を出してもらっても、2時間眠れればいいほうだった。たいてい、30分で目が覚めてしまう。朝が来ないでほしい、と思った。

食事も喉を通らなくなったこと。体重は、数カ月前より8kgほど減っていた。初めての過呼吸も経験した。

ある日、千葉の自宅で離れて暮らす妻が飛んできたこと。おそらく、わたしの言動が尋常ではなかったのだろう。

支えは、北海道への思いだけだった。

たくさんの熱いファンがいる。メディアも報道をしてくれる。バスケットボールにとって、こんな〝ホーム〟はほかにない。

もし、2度目の「北海道チームの解散」となれば、3度目はない。それは、自分が〝万歳〟をしたときだ。

だから、踏ん張りたい。できるところまで、やり切りたい。

放心状態に近い中で灯《ともしび》となっていたのは、そんな思いと、再びファンと勝利の喜びを分かち合いたいという気持ちだった。

※

いまに残る財産

ちょっとまずい世界に来てしまった。

あのときのことを客観的に振り返れば、そんな感覚だろうか。とにかく、まったく知らない「経営」の世界に、準備もせずに飛び込んだことで、わたしに「尋常ではない日々」がやってきた。

だが、この時間で得たものの中には、いまに続く財産も多くある。

うれしかったことが、多くの元チームメイトが、わたしのチームを「待ってくれた」ことだ。あまりに困難な日々、先行きが見えない中で、チームを運営するトップとして選手たちに伝えたことがあった。

「もし、うち以外に行く当てがあるなら、真剣に考えろ。特に家庭がある選手は」

レラカムイ北海道には日本代表候補になる選手が何人もいた。わたしと一緒に北海道にやってきた桜井良太や山田大治ら、ほかのチームにとっては欲しくてたまらない選手だっただろう。

新会社を立ち上げたタイミングで彼らは所属のない「移籍選手名簿」に載っている。引き留めるわけにはいかなかった。

勝ちたい、そのためにはいい選手が必要だ。けれど、そんなことを言える状態ではなかった。

チームは承認されておらず、これから給料が払えるのかもわからない。特に、前のチームで選手として給料の未払いを経験していたからこそ、――いまだから明かせるが、あの年のわたしの給料は1000万円近くが未払いのままである――彼らに再びその苦しみを与えるわけにはいかなかった。うんざりだった。

だからみんなの前で移籍を容認した。正直に言えば、移籍を勧めるくらい弱気なわたしがいたわけだ。

もちろん出ていく選手もいた。彼らに対してなんのわだかまりもない。7月までにチームが決まらなければ、シーズンに間に合わないのだから、当然だ。逆を言えば、チームがどうなるかわからないのに残ってくれた6人のメンバーたちには心からの感謝しかなかった。

その中には、いまやレバンガ北海道に欠かせない良太もいる。彼が、これからのレバンガを作っていってくれるはずだ。


また、この時期に突然かかってきた一本の電話も、いまに繋がった。

引退をしたわたしにとって最後の「レバンガ北海道」のユニフォーム、その背中には「花川病院」と記されている。9年間、つまりわたしがチームを始動させた年からある名前だ。

花川病院がオフィシャルスポンサーになった経緯は、まさに青天の霹靂《へきれき》だった。

チームを立ち上げると決まったとき、わたしはいくつもメディアの取材を受けた。少しでも、現状を知ってもらい、認知してもらい、価値を高めたかった。

そのひとつに、NHKの特集があった。消滅しかけているチームを「選手兼社長」として存続させようとしている男——そんなテーマだったかと思う。

その放送を偶然見ていたのが、東京に本部を持つ医療法人社団「健育会」の理事長である竹川節男さんだった。「感動した、このチームにお金を出したい」と申し出てくれたのだ。

先行きの見えないわたしのチームに、信じられない金額の出資をしてくれた。

系列である花川病院は北海道石狩市にある。

竹川さんは、わたしの姿に共感してくれただけではなかった。

「東日本大震災があり、東北にも自分たちの病院がある。北海道の人にはたくさんの支援をもらったから、恩返しがしたい」。その言葉にわたしも心を打たれた。

その関係が、いまでも続いている。

「メディア対応？　やらないよ」と広報を罵倒した男は、そのメディア対応に救われたのである。そして、そこで得ていたのはやっぱり人だった。

いまに繋がる関係を築けたのはもちろんのこと、この辛い日々は、「人」や「思い」の大事さ、本質を教えてくれた。記憶を失わせるほど過酷な時間は、いまではそんなふうに思える。

※

話を再び「レバンガ創設期」に戻す。

理事会が行なわれた6月9日。わたしの会社はリーグに承認された。ただし、社団法人として。

この提案をしたのは長さんだった。レラカムイ北海道の除名以来、何かと親身になってくれた先輩の一言がチーム存続を決めた。

実は、このときまでに集めることができた資金は花川病院を含めても5000万円に遠く及ばなかった。スポンサーの数も二桁に届かないものだった。

東日本大震災で大きな打撃を受けた日本経済、その直後に「一回財政破綻した北海道のバスケットボールチーム」を支援したいという会社はなかなか見つからない。

現状を踏まえても、株式会社でやっていくのは難しいという判断だったのだろう。

当時、まったくの無知だったわたしは、それがどのような組織なのかわかっていなかった。

長さん曰く、「責任の所在が分散できるため、個人にかかるリスクが減らせる」。

名称は一般社団法人「北海道総合スポーツクラブ」。わたしはその「理事長」である。

株式会社との大きな違いは、オーナーが存在しないこと。社団法人にすることによって、株主ではない理事の面々とチームの成長のための建設的な議論も可能になるというメリットもあった。

加えて、チーム運営のみならず、選手としてもコートに立たなければならないわたしへの配慮をしてもらった形だ。

その後、立ち上げた株式会社から一般社団法人でリーグに参加する手続きを、約1カ月かけて済ませ、7月13日、JBLから正式にリーグ参入を認められることになる。

「レバンガ北海道」の誕生

新しいチームの名は「レバンガ北海道」。チームカラーのひとつは北海道の大自然を表す緑、それを「レバンガグリーン」と名付けた。

徹底的に北海道にこだわりたかった。

先にも書いたが、この「レバンガ」はわたしがつけたわけではなく公募だ。

120通を超える応募の中から選んだ。「ガンバレ」を反対から読んだもので、道民たちから「頑張れ！」と応援し続けてもらえるチームを作る、という誓いを込めた。

ようやく「バスケットボールチーム」として動き始めた8月、レバンガ北海道としては初めてとなる合宿を稚内で行なった。もちろん移動はバスだ。揺られること6時間。今度はイライラもしなかった。

宿は、3食付きで格安だ。毎年利用していたわたしたちの現状を宿主が知り、「思い」で提供してくれたのだ。

さらに開幕まで1カ月を切った9月には、札幌の建材会社の体育館を、破格の費用で貸してもらった。

「お金」がなければやっていけない。現実である。

でも「思い」は助けてくれる。それも現実だ。

わたしにとって北海道が特別なのは、そういう「思い」を感じ続けてきたからだ。これは北海道だけなのだろうか。

経営者目線で言えば、こうした「思い」は「スポンサー」という形をとらずともチームを支えてくれている。資産に計上できなくても、確かな資産である。その無形の資産こそ、これからの時代に築くべきものではないか。そう思っている。

さて、そうしてお金以上の力をもらいながらわたしたちはシーズンに向かった。懐事情もチームの体制も厳しいことには変わりないが、道民のみんなの後押しをしっかりと感じながら。

と、そろそろこのあたりで「安定期」に入りたいところなのだが、わたしの「経営者」としての失敗はとどまるところを知らない。時系列で追っていく。

※

２０１１年10月７日、レバンガ北海道、そして選手兼理事長となったわたしにとって初めてのシーズンが幕を開けた。

開幕戦の相手は日立。会場は、代々木第二体育館だった。

「たくさんの人に支えられて、こうしてコートに戻ってくることができた……」

胸に迫るものがあった。

その一方で、ある覚悟もしていた。「全敗もやむなし」という覚悟だ。ほかのチームは、今シーズンに向けて早くから戦力を整え、５月から始動している。レバンガは、開幕１カ月前にようやく全メンバーが揃ったばかりで、練習も十分にこなせていない。客観的に見れば勝てなくても仕方のないことだった。

だが、開幕戦でその考えは変わった。71対74で敗れたものの、試合自体は良かった。このチームで戦っていける手ごたえを感じる内容だった。わたしも両チーム最多の24得点をマークする。

戦える——。試合後のベンチには、悔しさよりも自信が満ちあふれていた。

全敗を覚悟したシーズン、初勝利はその翌日の日立戦だった。

一進一退の展開、迎えた最終の第4クォーターも残り17秒、69対70の一点差で負けていた。

「勝者のメンタリティ」、勝ちへの執念を見せたのはわたしたちだった。ゴール下の攻防を気迫の粘りで制したジュフ磨々道《ままどう》が、もぎ取ったボールをゴールに押し込んだ。バスケットカウントも加わり3点。ついに逆転した。日立に、反撃する時間は残っていなかった。

72対70。

レバンガ北海道としての記念すべき初勝利は、思っていたよりも早く、そして劇的な形で訪れた。

「待ってたよ！」

いよいよ次はホーム・北海道での開幕戦だった。

道東の帯広市総合体育館でアイシンシーホースとの試合。

1月からのドタバタ劇。ブースターから見れば不安で、わたしたちを信じていいのかわからなかったはずだ。

営業をしてもなかなか信じてもらえなかった。われわれ選手にもその責任はある。果たして観に来てくれるのだろうか。応援してくれるのだろうか。

レラカムイ北海道ではなく、レバンガ北海道を——。

集まってくれた観客は2361人。立ち見も出た。ワースト記録を更新した前のシーズンの暗い記憶が、鮮やかに塗り替えられるようだった。

去年とは違うチームなんだということを、メディアを通して訴え続けたのは無駄じゃなかったのかもしれない——。そう思うと、少しホッとした。

JBLの試合が帯広で行なわれるのが7年ぶりということもあり、観客たちは熱い声援を送ってくれた。

「待ってたよ！」の声にぐっと来た。

試合は敗れてしまったが、本当に生まれ変わったことを示すためにも、明日は必ず勝つ――。そう誓った。


2戦目は、わたしもみんなも最初からガンガン飛ばした。なんとしても、北海道に勝利を届けたかった。

序盤はアイシンの巧みなパス回しに翻弄された。ハードワークで食らいついた。相手の攻撃リズムを崩し、第2クォーターに逆転。マンツーマンディフェンスで攻撃を食い止め、その後、追いつかれることはなかった。

ブザーが鳴ったときの光景は、いまでも目に焼き付いている。総立ちで喜びを爆発させる選手、スタッフたち。歓喜に沸く会場。その中に、目に涙を浮かべるブースターの姿を見つけた。

「このチームを残せて良かった」

心からそう思えた瞬間だった。

これまで何度も経験してきた「勝利」。優勝したときとも、日本代表のときとも違った特別な喜びに満たされていた。

チームがあることの喜びを、全ての人と共有できた――。そんな感覚だ。

北海道のバスケットボールの未来に繋がる希望の一勝だった。


そしてこのシーズン、チームは本当によくやってくれた。

戻ってきてくれたブースターたちの後押しを受け、チームは周囲の予想をはるかに超える結果を残し続けた。

シーズン終盤には、レラカムイ時代も含め、初の7連勝。上位4チームに与えられるプレーオフ進出も視界に入っていた。

最終週で直接のライバルだったパナソニックに敗れ、プレーオフ進出は逃したが、22勝20敗で5位。レラカムイ時代を含め初めての勝ち越し、順位も過去最高の5位だった。

わたしもベストファイブに選ばれ、平均得点は16・2。来シーズンこそ、初のプレーオフだ。巻き返しだ――そうなるはずなのだが、現実は違う。

自腹経営

わたしの癒しは、コートに入った瞬間から出るときまで。毎日の数時間の練習と週末の試合だ。

不眠は続いていた。経営者としての悩みは尽きなかった。それでも、コートに入れば気持ちが切り替わる。むしろ、経営のことを考えなくていい時間として貴重だった。

プレーオフ争いをするチーム状況の中で、資金繰りは大きく悪化していた。もう、使えるお金が残されていなかった。

すべてはわたしの責任だった。

チーム運営に「無知」過ぎたのだ。

なんとかリーグに参入できることが決まってから、駆け足でできることは選手の強化だった。幸い、スカウトや選手補強のノウハウはトヨタ時代、レラカムイ時代と培ったものがある。選手でありながら、自らスカウティングをし、口説き落としてきた。

わたしは当然のように良い選手を集めた。

あのときとは立場が違ったのにもかかわらず……。

わたしは選手であると同時に経営者だったのに……。

思いを訴え、待遇も保証した。そして、嵩《かさ》んだ人件費は約８０００万円。はっきり言って、むちゃくちゃなポートフォリオだった。リーグから言われていた「５０００万円」を集められていないのにもかかわらず、選手にそんな額をつぎ込んでいいわけがなかった。

シーズンが始まった段階で、数千万円のマイナスがある状態。だから、シーズン中も、スポンサー獲得のため、営業回りを続けていた。

シーズン前に比べれば手ごたえはあった。二桁を超える企業からの協賛を得ることができたが、目標額には届かなかった。

「お金がない」ことに対して、何よりも苦しかったのは、給料日を心待ちにしている選手たちの姿だった。

給料日は、毎月５日。前日になると、特に若手選手は「明日は焼肉か～」などと言って目を輝かせていた。

繰り返しになるが、給料の未払いは、選手にとって一番のストレスになる。レラカムイ時代に自ら経験したことだ。だから、給料だけはなんとしても払いたかった。

そしておそらく、わたしが「払えない」と伝えたら、選手たちは「折茂さんが言うなら……」と我慢したと思う。それがわかるからこそ、絶対に払いたかった。

しかし、金はない。ではどうするか？

思いつく案はひとつしかなかった。

自分の貯金だ。

幸い、わたしにはこれまでの蓄えがある。自ら交渉し、リーグ最高年俸をもらっていたこともあった。スポーツ選手には給料以外にも個人スポンサーなどの収入源がある。

数千万円の貯金があったはずだ。

私財をなげうつことに周囲は大反対した。唯一、反対しなかったのが妻だった。事情を話すと、顔色ひとつ変えずにこう言った。

「自分がバスケで苦労して稼いだお金なんだから、好きに使えばいいよ。失敗したら帰って来ればいいんだから」

こうしてわたしは、自らの貯金の中から選手や職員の給料を払うようになった。その額は月800万円から900万円。

勝負は、いつまで持つかだった。

車も、時計も、売れるものはなんでも売った。妻の貯金にまで手を出していた。

第4章
返す

どれだけの「人」に支えられてきただろう。
どれだけの「思い」に助けられてきただろう。
いま、こうして本書を書き綴っていることを不思議にさえ思う。
チームがあって、そこにわたしがいる。
全ては「北海道」のおかげだ。
あと10年——。
わたしが一線で人事を尽くせるのは、それくらいだと思っている。
やらなければならないことがある。
そのための「覚悟」と「情熱」は、ある。

「やる、やらない」は覚悟
「続ける、続けない」は情熱

「情熱」と「覚悟」

ここまで綴ってきたことをみなさんはどう感じるのだろうか。

プロの経営者から見ればあまりに杜撰《ずさん》で、経営者に簡単になるべきではない、とか、もっときちんと勉強をすべきだった、といった叱責の声もあるだろう。

よくもまあここまでやってこられたな、と疑問を持つ方もいるかもしれない。

取材も積極的に受けるようになって——ここは、笑ってほしい——、よく聞かれることが「なぜ、そこまでして続けることができたのでしょうか」というものだ。

ひとつの答えは、再三書いている「北海道」だ。でき過ぎた答えに聞こえるかもしれないが、本当に彼・彼女たちの思いがあったからこそ、いまもここにいる。

確かに、考えてみれば逃げることはいつだってできたはずだ。

自分の貯金にまで手を出して、給料を支払うのはどうかしている。ちなみに、あの話の続きを先に書くと、わたしの貯金は1年半あまりで底をついた。

でも、いまもまだ、社長としてチームを運営している。社長と言いながら、年収は選手としての報酬があったときから800万円だ。これは、自分がチームを運営し始めてからずっと変わらない金額だ。

もっと早く「辞める」と言えば、辞められたし、生活に困ることもなかっただろうと思う。昔は、マイホームを持って、悠々自適に過ごしたいと思っていたこともあった。そういう思いを捨ててまでここにいる。「逃げたい」と思ったことも何度もある。

じゃあなぜ、辞めなかったのか。

辞めるとか、続けるとか、そういうことを考えなかったから――それがもっとも近いわたしの答えだ。

現役生活も同じで、27年、49歳まで続けることができたけれど、一度も「現役にしがみつきたい」と思ったことはなかった。「続けたかった」わけでもない。

ただ常に「情熱」はあった。

感情でわたしとバスケットボールの関係を考えたとき、バスケットボールを楽しむとか、好きだといった感覚はあまりないけれど、自分にはこれしかないという情熱、これしかないもので負けたくないという情熱はいつもそばにあった。だから「辞める」とか「続ける」なんてことを考える必要もなかった。経営に対してもそうだ。このチームを残すという情熱がいつもあった。だから続けようとか、辞めようとか、そういうことを考えたことがない。好きなことをやれ、と言われる時代だ。

わたしなら、情熱があるものこそ続く、と伝える。

一方で、何かを始めるか、始めないかについては「覚悟」だと思っている。いままでたくさんの人たちとバスケットボールや経営を通じて、または、友人として付き合ってきたが、覚悟がない人ほど何かを始めても、うまくいかないと最後に人のせいにする。

やる、やらないについては年齢も、環境も、お金もあまり関係がないと思っている。関係があったとしても、その前にまず「覚悟」があるかどうか。

約10年前、素人から始めた経営は当初のノリこそ軽かったが、覚悟はあった。それは、降りるつもりがないレールに乗った感覚だ。北海道の人たちに恩返しを。北海道にバスケットボール文化を。それを実現する覚悟だ。

その点で、やる、やらないはいつだって自分自身の問題である、ということだ。年齢や、環境やお金が関係するのは、そのあとの話。覚悟を決めたあと、成長するために変化する「きっかけ」をもらいやすいというぐらいである。

50歳まで生きたいま、あと何年、北海道と日本バスケットボール界に貢献できるだろう、と考えることがある。ちょうど、父親が他界したのが50歳だ。当時は、ずいぶん生きたと思っていたのだが、自分がその歳になると、早く逝ったのだなと感じる。

病気を抱えていることもあり、そうした不安が実感として出てきはじめた。

残り10年、情熱を持って北海道に寄り添いたい。その覚悟はある。

※

覚悟の決め時

チームとしては1年目からプレーオフ争いをする大健闘のシーズン。わたしも、チームトップの成績。

普通に考えれば、飛躍を期する2シーズン目だ。しかし実態は、資金繰りに必死で貯金にまで手を出す日々。心身共にボロボロになりつつあった。

そんな状態で簡単に結果が出るほど、バスケットボールはあまくない。2シーズン目は、リーグ断トツの最下位、わずか6勝でシーズンを終え、いよいよ経営は苦しくなっていた。

そして、貯金は一円たりともなくなった。もう、最終手段も使えない。

これからどうするべきか。

本来であれば、銀行に融資を受けたいところだ。けれど、レラカムイ時代の印象は色濃く残り、何より担保できる資産がなかった。運営する社団法人の理事たちに、その負担をしてもらうわけにもいかなかった。

営業をし、出会った人たちに相談をし、アドバイスをもらった。いくつか実現の可能性がありそうな案もあった。

しかし、なかなか実行に移せない。

というのも、お金にまつわることを決めるには、社団法人の決まりとして理事会を開き、承認してもらう、という二つのステップが必要だったからだ。

そもそも、理事の面々は、ほかの仕事をしながらわたしたちを支えてくれていた。忙しくて、理事会を開いてみんなで集まることもままならない。いまのようにテレビ電話も普及していなかった。

チーム運営が危機的な状況の中、「決定」に時間がかかること、より多くの負担を理事に強いることは本意ではなかった。

「覚悟」の決め時だな――。そう思った。

しっかりと自分が責任を取る体制を作り、自分が決断する。その上で資金援助をお願いしに行く。「株式会社に戻そう」。それしか道はないと思った。

ただし、そのためにはひとりでは無理だった。

「美山さんのところに行こう」。会って話をして「NO」と言われれば、もう本当に手はなくなる。

ドアをノックする手が震えたことをいまでも覚えている。

このとき会いに行った相手、美山正広《みやままさひろ》さんは、レバンガ北海道、いや北海道のバスケットボールにおいて欠かせない人である。株式会社正栄プロジェクトの代表取締役であり、レバンガ北海道の会長でもある。

正栄プロジェクトは北海道の大手パチンコホールチェーン「イーグル」を運営していて、レラカムイ北海道についても1年目から、スポンサーとして支援をしてくれていた。チームが解散してできたわたしたち、レバンガ北海道も変わらずスポンサードを続けてくれている。

パチンコというと、ネガティブなイメージを持つ人がいるかもしれない。美山さんは、それを変えたいと願う人だ。変える、というのは単なるアピールではなく、パチンコ業界自体をもっとクリーンにし、法令と行政に根差した遊技にしたいと本気で考えている。

そして何より、北海道への思いが強い人だ。

新型コロナウイルスの感染が拡大する中、パチンコ店の開店は全国で批判の的となった。美山さんは、当初から一切、店を開けることをしなかった。店を開けなければ、経営的な打撃は計り知れない。

でも、優先すべきところはそこではない。その信念のもと、最初から最後まで、感染拡大の被害が一定程度に収まるまで、断固として店を開けなかった。そういう人なのである。歳はわたしの4つ上。月並みだが、かっこいい。

美山さんがわたしの話を聞いて、納得した上で運営資金を融資してくれたのかどうかはわからない。ただ「思い」が通じた――いや、伝わったことだけは確かだと思う。

貯金が底をつき運営資金のめどが立たない中、「レバンガ北海道」の3シーズン目に向けて株式会社にしたい。ただ、圧倒的にお金がない――「なんとか、乗ってくれませんか?」と話すわたしに、美山さんは「そこまで言うのなら」と言って、融資をしてくれた。

感謝してもし切れないくらいを。

結果として、レバンガ北海道は正栄プロジェクトからお金を借り、わたしはその保証人になった。「何がなんでも、絶対に返します」、言えることはそれだけだったが、その思いは本心だ。

このときだけでなく、以降も美山さんには何度もお世話になった。

経理が「来月のお金が足りない」と言えば、美山さんに会って、頭を下げた。

そして、大きな壁にぶち当たったとき、いつも助けてくれたのが美山さんだった。

美山さんのもっとすごいところは、レバンガ北海道がひとり立ちするのを助ける、そのスタンスを貫いているところだ。株主であるから当然、オーナー的な立場としても振舞うことができる。チームや運営に口を出してもおかしくない。

けれどそういうことがまったくないのだ。

もちろん、経営や戦略的なことでアドバイスをくれることはある。でも、「レバンガ北海道はわたしのものだ」というような態度を示したことはいままで一度もない。

「うちの名前がユニフォームに入っていることでネガティブなイメージを持たれるなら、外してもいい」

そんなことさえ言える人なのだ。

「折茂に力を貸してやってください」

わたしの「思い」、そして「覚悟」と「情熱」に共感し、共に歩んでくれた人はほかにもたくさんいる。

中でも、レバンガ北海道の命を繋いでくれた欠かせないひとりが、一般財団法人「北海道バスケットボール協会」専務理事の森野和泰さんだ。

「北海道のバスケットボールのために」

そう言って、各方面に協力を呼び掛けてくれた。ことあるごとに相談にも乗ってくれた。北海道バスケットボール界のトップに立つ人である。

その援護射撃は本当に力強かった。

森野さんのバックアップのおかげで、北海道バスケットボール協会はもちろん、行政――北海道や札幌市などとも良好な関係を結ぶことができた。

大きかったのは北海道と包括連携協定を結んだこと。

公益財団法人「北海道スポーツ協会」が管理する「北海きたえーる」もホームアリーナとして使わせてもらえるようになった。北海きたえーるは人気のある施設で、プロ・アマチュア問わずさまざまなスポーツ大会、音楽関連の興行などの予約で土日は数年前から埋まっていることもざらである。

ホームアリーナの確保はBリーグのクラブライセンスにおける、満たさなければならない資格要件となっている。その中で、包括連携協定による北海道からの計らいもあり、ホームアリーナの確保という重要課題の解消に大きく寄与してもらった。これは行政からのサポートのほんの一部である。

いまだからわかる。

レラカムイの経営が苦戦を強いられた理由の一つは「北海道」との関係性だった。地域密着を掲げてはいたものの、肝心の〝地域の行政〟を巻き込めなかったのだ。会場の確保や試合の周知、動員など、レバンガはさまざまなところでサポートをしてもらっているが、レラカムイはそれができなかった（それは自分たちに原因があったのだと思うが）。ゆえに、苦境に陥ったまま立て直すことができなかったのである。

その中で大きな力を貸してくれた森野さんは〝わたし自身〟にも懸けてくれたと思っている。

胸に刻まれている出来事がある。

森野さんに美山さんを紹介したときのことだ。

「なんとか折茂武彦に力を貸してやってください」

森野さんは、そういって美山さんに頭を下げた。

北海道のバスケットボールを統括する立場にある人が、わたしという個人を支持し、頭まで下げてくれた。考えられないことだった。

もちろん、北海道にチームを残すためだ。だが、そこには「この男に託してやってほしい」という意味合いも含まれていたと思っている。

森野さんの決然たる行動が、美山さんの〝決断〟を後押ししたことは想像に難くない。まさにレバンガ北海道にとっての命の恩人だ。

協会もガンバレと言ってくれている――。最後までやり抜く決意を改めて固めた出来事でもあった。

「君を知らない」

時は2年進み、2015年4月1日。

公益社団法人「ジャパン・プロフェッショナル・バスケットボールリーグ」が設立された。通称「Bリーグ」。現在、わたしたちレバンガ北海道が所属する、日本で唯一のプロバスケットボールリーグである。

これまでも折りに触れて記してきたが、日本バスケットボール界は、数十年もの間、プロ化を標榜《ひょうぼう》しながら実現しなかった歴史がある。２００５年には、その動きにしびれを切らしたクラブが「ｂｊリーグ」を立ち上げ、以降、実業団を中心としたＪＢＬとの2リーグ体制が続いていた。

この状態が、日本バスケットボール界にとっていい方向であるわけがない。ついには、国際バスケットボール連盟が「トップリーグの統一」を求め、それが果たせなければオリンピックや世界選手権の出場資格を剝奪すると発表した。その発表には「今回がラストチャンスだ」という強い言葉も添えられていた。

そうしてようやく本格的に動き出したのが、Ｂリーグだった。

初代チェアマンは川淵三郎さん。スポーツ界では知らぬ人はいない、Ｊリーグの初代チェアマンなども務めた辣腕《らつわん》の人である。

経緯は最悪ではあるが、本当のプロバスケットボールリーグを日本に作る。その気運がぐっと高まった。すでにこのとき、四半世紀近くを「日本バスケットボール」の中で過ごしたわたしは、その流れに期待をせざるを得なかった。

4月に参入を希望するチームが申請し、その後、ヒアリングなどの調査を経て、7、8

月には新リーグ参加チームが決まる。

もちろん、レバンガ北海道も参入の申請をした。

リーグはB1からB2、B3までで、1部は最大16チームが想定された。申請のあったチーム数は47。なんとかして、1部の枠に入らなければならない。

とはいえ、その参入条件は、レバンガ北海道にとって簡単なものではなかった。

特に、株式会社となってから、2シーズンで積み重なった債務超過——そのときすでにチームの資産の総額が負債を下回る状態に陥っていた——1億5000万円の解消はいかんともしがたい状況になっていたのである。

6月、川淵チェアマンとのヒアリングでのことだ。

開口一番、言われた一言が衝撃だった。

「君は日本で一番得点を獲っていて、バスケ界では有名なのかもしれないけど、わたしは君を知らない」

恥ずかしかった。

これが、いまのバスケットボール界の真実であり、その中での折茂武彦の存在の現実なのだ。バスケットボールファン以外の多くの人からすれば、何者でもないのである。

そして、約1カ月半後の7月31日に発表されたBリーグの1シーズン目、2016シーズン1部チームの一次発表。「レバンガ北海道」の名前はなかった。ブースターに加え、道内のテレビ局、新聞社などが記者会見の準備をして発表を見ていた。そのため息が、痛かった。

二次、ラストチャンスで必ず――。一次で決定したのは12チーム。まだ残り4〜6枠程度のチームが組み込まれる可能性があった。

いずれにせよ問題は債務超過である。この解消を果たさねば、その可能性はゼロに等しい。

2部でのプレーはあり得なかった。

最後の発表は8月29日。それまでに、立て直したと思われる成果が必要だった。

スポンサーとの調整、持株会を作り、ファンにも資金の寄付をお願いした。それでも、まだ数千万が必要――。また美山さんにお願いをしに行ったのだった。

もう何度目か――正栄プロジェクトに援助をもらうことで、なんとか債務超過解消の目途が示せた。

これ以上、できることはない。運を天に任せた。

8月29日、祈るような気持ちで発表を聞いていた。

周囲には、1カ月前と同じように、ブースターと共にパブリックビューイングに集まった面々、それに桜井良太ら選手もいた。残りの1部チームが次々と読み上げられる。

「レバンガ北海道」

その名が、最後に呼ばれたとき思わず涙がこぼれた。

人生において、最初で最後の、人前で流した涙だった。

2億円を超えた債務超過

2016年に始まったBリーグに参戦し、2年後の2018－19シーズン前には、再び、チーム存続の危機が訪れている。

このときも正栄プロジェクトは救いの手を差し伸べてくれた。

金額的にいうと、このときがもっとも大きなピンチだったかもしれない。

Bリーグには、「Bリーグクラブライセンス」という制度がある。シーズンごとに、B1、B2と、チームが一定の参加資格を満たしているかを審査するものである。これによって、リーグが持続可能な組織として運営される一方、各チームが一定水準の経営・興行環境を整えることを目的とされた（例えば、アリーナのキャパシティや照度、トイレが少ないといったことから、資金繰り、債務超過の解消や、組織体制などを審査する）。

レバンガ北海道はそのクラブライセンスを失いかけていた。

問題視されたのはまたも債務超過だ。

Bリーグの1部に参入が決まって以降、コストカットに取り組んだ。「あの涙」を無駄にしないためにも、そして川淵さんからの「あの言葉」を見返すためにも「鬼になろう」と決めていた。少しずつ成果も出始めていた。2016−17シーズンは単年ではあるがクラブ初の黒字化を達成できた。

しかしことはそう簡単には進まない。

2016−17シーズンを戦い終え、翌シーズンに向けた「クラブライセンス」の交付の審議から、「債務超過」は問題視され続けていた。そして、2017−18シーズン前、2

億円以上になる債務超過の解消の道筋をつけるように、と通告されていた。加えて借金もまだ2億円近くあり、その保証人になっていたわたしにとっては、ほとんど自分の借金みたいなものだった。

これを解消しなければ、2018−19シーズンはない。クラブの消滅すらあり得る……。

2017−18シーズン中から、正栄プロジェクトに何度も足を運び、これからとその対策について話し合った。出した結論は、増資とDES（デット・エクイティ・スワップ）——債務の株式化。

この方法は、美山さんや正栄プロジェクトにとって大きなリスクである。一般的には、株式を取得することでその会社の経営に影響を与えることができる。多くの場合、債務超過など経営が悪化したときに取られる方法だから、健全化に向けて債権者が経営の方向性や施策を提示することができる。

しかし、書いてきたとおり美山さんのスタンスはずっと変わらなかった。すでにわたしたちに多くのアドバイスをくれていたし、決して「こうしなさい」と命令することもなかった。つまり、正栄プロジェクトにとっては紙屑になるかもしれない株を取得してくれたことになる。
しかし、その決断こそがいまに繋がっているのだ。

再び訪れたこの危機、2018－19シーズンへの不安をわたしだけでなくブースターも感じていた。2017－18シーズンの途中に、このDESを含めた「資本計画」をリーグに提出。2018年3月には債務超過を解消した。

ブースターの前でその報告をしたとき、わたしの胸にあったのは、正栄プロジェクトへの大きな感謝と、多くのスポンサーへの思い、試合につめかけてくれたブースターに対する誓いにも似た感情だった。

債務超過の解消を発表した1週間後、わたしたちは2018－19シーズンのライセンスを交付されることになった。その場で、大河正明チェアマンがわたしたちに言及した。

「よく立ち直ったとの意見が理事会でも上がりました。昨シーズン半期で黒字、集客も好調で債務超過解消の目途が立っています」

「Bリーグ立ち上げの際も、昨季のクラブライセンス判定のときも最後まで審議となっていましたが、折茂さん、横田CEO、そしてチームスタッフが一丸となって業務改善や集客に取り組んだ結果として、特筆すべきことだと考えています」

この言葉の裏に、ここで指摘されることのない「北海道のみなさんのわたしたちへの思い」が詰まっていることは決して、今後も忘れない。そして、必ず「返す」。それがいまの「情熱」だ。

距離と近さ

Bリーグ参入以降、最初のシーズン（2016－17）こそ地区4位だったが、その後の成績は低迷する。東地区6チームの中で3年連続の最下位だ。

選手たちの環境もまだまだ整えていかなければならないし、強化も必要だ。

特に、新しく「レバンガ北海道」に来た選手にはこの北海道の温かさを当たり前だと思ってほしくない。さまざまな歴史があり、助けがあり、その上で「勝利」を届けることができていないことに責任を持ってほしいとも思っている。

チームの成績が振るわない中で、観客動員は常にリーグトップレベルだ。

B1リーグは昨シーズン（2019―19）まで東地区、中地区、西地区の三つに分かれ、各6チームの計18チームが存在したが、レバンガ北海道の観客動員数は常に上位に入る。初年度の7位に始まり、2位、4位、4位だ。

特別なことはしていない。

デジタルマーケティングについては横田陽が率先してくれている。スポーツに興味を持つ層は、必ずバスケットボールにはまる。そうした仮説をもとに、ターゲティングした施策を打っている。

一方で、アナログな活動、メディア戦略や地元の学校への訪問といった地域とリアルな接点を持つことも欠かせない。

わたしの信念に、レバンガ北海道は野球よりもサッカーよりも近い存在でいたい、というものがある。われわれより長い歴史を持つ二つのチームとの連携も必要だし、彼らにないものを持つ必要もある。

それが「距離」「近さ」なのだ。

そのために、アナログの視点は大事だ。例えば、毎年教育委員会と連携して、札幌市内の小学校に試合のチラシを送っている。

少しでもバスケットボールに触れる機会を子どもたちに作りたい。その思いからだ。だから小中学生の自由席は1000円以下にしている。子どもたちでも少し背伸びすれば買える金額。

レバンガ北海道はチケットの売上が好調だ。「単価」を上げることで収益性を上げるのは経営の常とう手段だろう。しかし、それでは子どもたちが試合を観にこられない。「近さ」に繋がらないのだ。

人に任せず、人に任す

応援してもらえる。

その思いを繋ごうとする社員の頑張りも大きい。

ここまで偉そうにいろいろと書いてきたが、実際のところわたしがしていることはそう多くない。社員のみんなが意思を継ぎ、チームを運営してくれていることがすべてだ。

株式会社化して数年経った頃、なぜこんなに毎年、お金が減っていくのか。私財をなげうっても足りなくなっているのか。徹底的に会社の現状を調べてみた。

すると、ルールも規律もあったものではない、無法地帯のような有りさまだった。

「こりゃ、こんなふうになるわな」

以降、社内のルールにも比重を置くようになった。週に1回は会議を開き、すべての報告を受ける。当たり前だが、お金もひとりでは動かせないようにした。経理の承認があって、わたしの承認があって、初めてお金を動かせる。恥ずかしい話だが、それ以前は、ひとりの人間がお金を動かし、売買も借金もできる状態だったのだ。負債が増えていった大きな要因もそこにあった。

もし、あのとき、気づいていなければと思うと、いまでも背筋に冷たいものが走る。人任せは、絶対にダメだ。


しかし、いまでは違う意味で「人に任せられる」。

そういうメンバーが揃ったと思っている。

わたしの役割はしっかりと責任を取ること。そして人を動かすこと。

だからみんなの前で、何かを鼓舞したり、指摘したり、スピーチをするといったことも
ほとんどない。あるとすれば、「お客さんが来たら、立って挨拶をしよう」。それくらいだ。

これは多くの企業に営業回りに行って感じたことで、しっかりした会社ほど、訪ねれば、行きも帰りも立って挨拶をしてくれる。いい会社というのは、そういうところから始まっていると思った。

わたしが「立って挨拶をしよう」と伝えたのは、それができていなかったからだ。わたしたちは、スポンサーの人たちに協賛してもらって成り立っている。そんな人たちが来て、挨拶もできないようではダメだ。

それがわたしの考える規律だ。

組織には、規律が必要。これは絶対で、ただレバンガ北海道の場合、それをガチガチなものにしない。

立って挨拶しよう、それだけだ。

厳しいことは横田が言ってくれる。そういう信頼もある。そんな中でわたしまでがギャーギャー言っていては、息の詰まる組織になってしまう。まあ、そんなことを考えてやる前に、わたしは「いじられキャラ」だから、心配はないのだが。

選手を引退して、社長に専念するいまもそこは変わらない。

第5章

2019

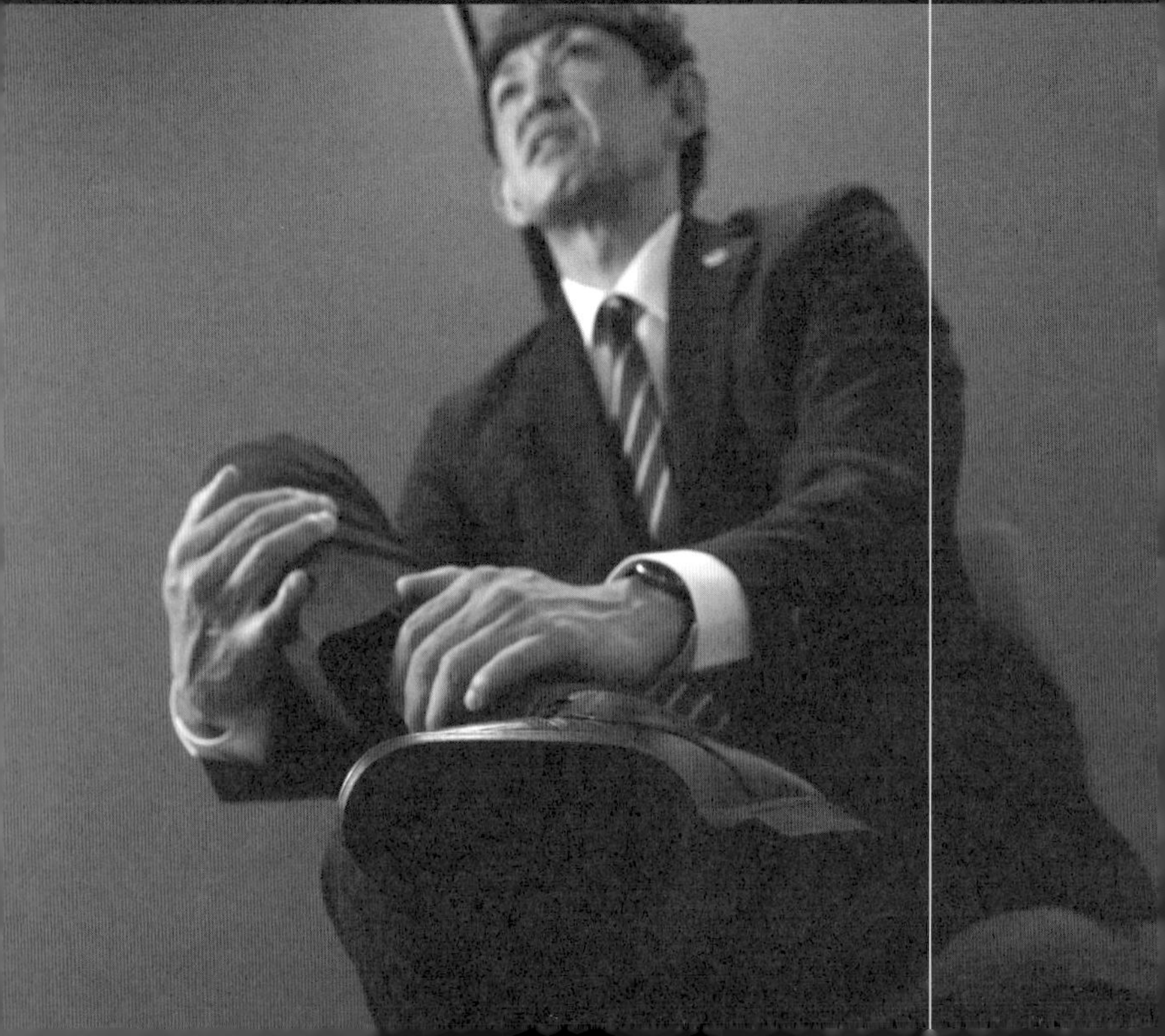

考え、行動し、切り開いてきたバスケットボール人生。
勝負へのこだわりは、一切衰えていなかった。
辞める理由がない——そう言い続けていた。
本当に、人生とは一筋縄ではいかないものだ。
思わぬ形で、その理由は見つかる。
病気が発覚したのだ。
さらに、その先には選手生活最大の試練と葛藤も待っていた。
決してハッピーエンドではない。
最後のシーズンの気持ちの変遷を、偽りなく記していく。

「自分の形」は無駄を省いた所にある

人とは違うシュートフォーム

実はわたしのシュートフォームは独特だ。

身につけたのは、高校時代である。

スリーポイントゾーンから、約6メートル先にあるゴールをイメージする。腕をL字型にしてセットポイント（ボールを構える位置）に入る。

腕は前後に振るのではなく、上方向に伸ばす。最後に手首を返し、人差し指と中指で押し出す――。

だが、ボールは持っていない。行なっているのは、野球で言う素振りだ。

当時、自宅でひたすらこれを繰り返していた。帰宅する前の部活では、1日500本、

600本のシューティングは当たり前。だから当然、腕が疲れてくる。

それでも素振りを続ける。だんだんと手が上がらなくなってくる。

「疲れた。もうダメだ。これ以上、上がらない」

無意識に手が下がる。そのポジションこそが、自分にとって一番楽で、理想的なセットポイントだった。実際にその位置から打ってみると、力まずに、自然とシュートの距離を伸ばせるのだ。

そのセットポイントの位置が、人とは少し違っていた。

日本人には、額《ひたい》の前や頭の上にボールをセットしてシュートを打つ選手が多い。だが、わたしは顔の横、右側の眉毛に右手の親指が当たるくらいの位置からボールを出す。

基本と言われる体の正面にセットすると、ものすごく違和感がある。顔の横が一番、楽で「カチっとハマる」ポイントだ。

もし、「体の正面にセットして打て」と矯正されていたら、おそらく日本大学でキャプテンになることもなければ、インカレでMVPを獲ることもなかっただろう。

逆に、このフォームでほかの選手が打っても、いい結果は望めないだろう。

これはわたしの体、わたしの特性だけに適しているフォームだからだ。

それぞれの形、それぞれのやり方でやればいい。翻ってそれは、「正しい形」「正しいやり方」などないことも示している。

バスケットボールに限ったことではない。自分だけの「何か」を見つけ、それを磨き上げていけるかどうか。

誰かの真似をしてもダメだし、他人に「自分の形」を見つけてくれというのも無理な話だ。

自分自身で考え、行動し、見つけていく――その集大成となった「2019年」は、バスケットボール人生最後の試練が待っていた。

背中の痛み

2018－19シーズン、レバンガ北海道は望んだような結果を残すことはできなかった。いや、低迷を極めたと言っていい。

経営は順調だった。債務超過を解消して以降、少しずつ借金を返しながら、3期連続で黒字を達成していた。

しかし、チームはひどい状態。わたしが経験してきた中で、もっとも屈辱的なシーズンだった。レギュラーシーズン最終戦となったアルバルク東京戦に敗れ、22連敗。不名誉なリーグ記録を更新してしまった。そして、この敗戦で、同シーズン50敗目。これもシーズン最多の記録だった。

B1残留を懸けたプレーオフでなんとか踏み止まることができたが、得点力不足と、ターンオーバー（パスやドリブルを奪われる連携ミス）という課題が最後まで尾を引いたシーズンとなってしまった。

「このままでは終われない」

プレーオフが終わった後、次のシーズンへと気持ちが向いた。

「チームに必要とされている限り、現役を続ける」

そう、決めていた。いろいろな場所で言ってきたが、「引退する理由がない」。チームの成績は振るわなかったものの、レギュラーシーズン全60試合中59試合に出場し、チームの日本人選手ではトップの380得点をマークすることができた。

まだ、戦力になれるという自信があった。

契約更改時には49歳になっていた。この歳になると、「48歳でも49歳でも50歳でも、大して変わらない」というのが本音だった。

40歳を過ぎたあたりから、ダッシュを続けると苦しくなる感じはあったが、それでもマークマンとの〝勝負〟は十分にできていた。

例年と少し違ったのは、背中に痛みがあったことだ。

4月にレバンガ北海道にとっての全日程が終了し、例年どおり、会社の代表としての業務に取り掛かった。

かつては体を休め、自分を解放し、「長いオフシーズン」というプロスポーツ選手としての〝醍醐味〟を味わっていた時期だ。いまは、経営をより良くするために頭を使う時間。それもここ10年近くはまずは、シーズンの報告とお礼を伝えるため、チームを支えてくれたスポンサーへの挨拶回りになった。

頭は疲れ、神経も使うが、バスケットボールから離れるぶん、体自体は休まる。ところがだ。背中の痛みが引かないのだ。一週間ほど続いた。

「なんだろう?」

「寝違えたのか?」

原因は、まったくわからない。そして、その痛みが治まることはなかった。

間質性肺病変

受け止めようにも、何がなんだかわからない。そんな気持ちだった。

2019年6月、札幌は肌寒い日が減り、爽やかな初夏の陽気になっていた。そんな中、わたしはマスクをつけ始めた。新型コロナウイルスが見つかる半年前だ。

風邪を引いたら、命を落とす可能性があるからだ。

背中の痛みが治まらず、病院に検査を受けにいった。

診断は、「間質性肺病変《かんしつせいはいびょうへん》」。

簡単にいえば、肺に穴が空き、ハチの巣状に壊れていってしまう病気だ。進行すると呼吸困難が進行し、死に至るという。

右の肺の3分の1程度が壊れていた。そして、壊れた肺は、元には戻らないそうだ。

不幸中の幸いで、早期発見だった。しかし、ちょっとした風邪でも、こじらせると「急性増悪《ぞうあく》」という状態に陥り、肺炎を併発して命の危険に晒《さら》されるという。

マスクが手放せなくなった。

いつからこうなっていたのかはわからない。肺のCTスキャンを撮影したのは10年ほど前。当時、症状は見られなかった。

10年かけてここまで進行したのか、それとも最近発症したのか。40歳を過ぎたあたりからダッシュをすると感じていた息苦しさの原因は、もしかしたらこれだったのかもしれない。でも一方で、若い選手と同じ練習メニューをこなせていたのも事実だ。こればかりは、謎のままだ。

わたしは間質性肺病変という病気にかかっていて、右肺の3分の1が壊れている。その事実だけが突き付けられた。

薬を飲むこともできなかった。治療は、ステロイド系の薬で炎症を抑える対症療法が基本となる。ステロイドは、いわゆる筋肉増強剤としても作用してしまうため、アスリートの使用はご法度。

何かが、プツリと切れてしまった感覚だった。

区切りとなる、通算10000得点も達成した。昨シーズン（2018―19）前には、ずっと応援し続けてくれた母の死もあった。わたしが先頭になって牽引してきた日本バスケットボール界は期待の若手が躍動し、引っ張ってくれるようになった。経営も安定してきた。

そんな中で、突如突き付けられた命の危機。

「俺の役目はここまでなのかな……」

思えば、ずっと辞め時を探していた。それがついに訪れたのだ。

毎年、6月に数日間だけ休みをもらい、沖縄で体と心を休めている。マネジメントをお願いしている会社の社長と行くのが常だ。

今年は3泊4日。新千歳空港から羽田空港に向かい、例年どおり、そこで東京在住の社長と落ち合った。

心は決まっていた。沖縄に向かう便の搭乗ゲートに入ったところで、何も知らない社長に切り出した。

「ちょっと、相談があるんだけど」……。病気のことを伝え、「してないとやばいんだよ。死んじゃうからさ」と、マスクをしている理由も話した。

社長は、驚きながらも事態を理解し、受け入れてくれた。わたしは最後に、社長にこう告げた。

「俺、もうバスケ辞めるわ」

飛行機の中から見えた景色は、いつもとは違って見えた。

最後まで、一選手

その後も、定期的に診断を受けた。

間質性肺病変には何種類かの症状があり、種類によっては相当な危険性があるらしかったが、わたしの場合は、幸いにも軽いほうの部類だった。そして、病気の進行がないことも確認された。

いつ悪化するかわからない恐怖はあるが、少しホッとした。

シーズンに向けて練習も始めた。肺が苦しくなることもある。だが、それはこれまでもそうだったし、加齢によるものなのかもしれない。プレーする上で、特に問題はなかった。

だが、決めたことを翻すつもりはなかった。

「まだできる」と少しでも思えば、きっとまた引退できなくなる。何より、ブースターのみんなと一緒に〝ラストシーズン〟を戦いたかった。

だから、開幕を目前に控えた２０１９年10月１日に、引退発表記者会見を開いた。

40歳くらいから衰えを感じていたこと、自分の責任は果たせたという思いがあること、上向き始めたバスケットボール界やチームの状況を見渡した中で、自然と決断ができたことを伝えさせてもらった。

病気のことは、言わなかった。

最後まで、一選手として戦いたかったからだ。わたしの体のことを知れば、きっと周囲は気を使う。それが何よりも嫌だった。

ほかの選手と同じ量の練習をこなしているのに病気があるから出られなくなる、または変な忖度《そんたく》から特別な使われ方をする、そういったことを避けたいというのが、一番の思いだった。

会社のスタッフにも、ヘッドコーチ含めチーム側にも、病気のことは一切、言わなかった。伝えたのは、会社でわたしの右腕として奔走している横田陽と、いつも一緒に病院に行っていたトレーナーら数人だけだ。病院に行く回数が増えたことから、マネージャーが「なんでそんなに病院に行くんですか？　病気なんですか？」と若干、気づいていたが。

彼らにはわたしの思いを伝え、厳重に口止めをした。

症状が悪化し、「これは難しいな」という状態になれば、そのときに公表すればいいと思っていたが、その心配はなかった。

まさか、こんな形になるとは思っていなかったが、わたしのバスケットボール人生の最後となるシーズンが幕を開けた。

選手兼社長としての葛藤

チームの代表になったとき、自分で決めたルールがある。それは、「選手である限り、ほかの選手の評価をしない」ということだ。

そうしなければ、ほかの選手との良好な距離感を保つことはできない。

「折茂さんに気に入られれば、試合に出られるんじゃないか」

「嫌われて、クビになったらどうしよう」

そんなふうに思われては、チームとしておしまいだ。仮にわたしが少しでもそんな素振りを見せようものなら、パワハラどころの騒ぎではなくなってしまう。

自分の評価もしない。年俸は、ずっと800万円。ちなみに、Bリーグの平均年俸は1600万円だからかなり低い。だが、会社が債務超過を抱えている中で、わたしが数千万円をもらっていたら、それはそれでおかしな話だ。

だから、ずっと言ってきた。

「枠組みは決めるが、『誰かを査定する』『誰かを切る』。ここには一切関わらない。全部チーム側に任せてある。それが俺のルールだ」と。

選手の起用法についても、一切口は出さない。いくら経営者であろうと、いくら年長者であろうと、わたしはあくまで一選手。現場の最高責任者であるヘッドコーチの方針に従うことをルールと決めていた。

必要とされていない

チームから、必要とされていない。

バスケットボール選手生活27年目にして、初めて自信を失った。

現役引退を発表した最後のシーズンだ。当然、強い思いで開幕を迎えた。補強にも成功した。チームとしても、自分としても、勝ちに行くシーズンだった。

チームの結果は出た。創設以来、初の開幕3連勝。勢いに乗っていた。

その一方で、わたしの出番は一切なかった。仲間たちの快進撃を、ベンチの端《はし》でただただ見守るだけだった。

一選手としての折茂武彦にしてみれば、到底、受け入れられる現状ではなかった。常日頃言っていたことだが、わたしは「世代交代なんかくそくらえ」という考えを持っている。年齢なんか関係ない。49歳だろうが20歳だろうが、コートに入れば一選手だ。

「勝負させてもらえれば、俺はまだやれる」——しかし、それを伝えることはできない。

「起用法に口を出さないという自身に課したルール」がある。

開幕4試合目となった10月12日の島根スサノオマジック戦で、ようやく出場機会が与えられた。

残り5分で22点リード。勝利がほぼ見えている状況だった。

「オリモ!　タケヒコ!」

会場のアナウンスと共に、このシーズンで初めてホームのコートに立った。

客席からの大きな、そして温かい歓声は確かにこの耳に届いた。

しかし、気持ちに火は灯らなかった。

「試合が決まっている中で、俺に何をしろと?」

近年は出場時間が少なくなっていたとはいえ、勝負所や、流れを変えたい場面で投入されることがほとんどだった。だからこそ、燃えた。

それがどうだ。いまや経験の少ない若手のような使われ方をしている。

チームメイトが、わたしにパスを集めてきた。それがなおさら、集中力をかき乱した。気を使われている――。恐れていたことだった。プロの選手としてコートに立っているのに、気を使われ、パスを回され、そこでシュートを打たなければいけない。「まるで客寄せパンダじゃないか」。そんな思いにさえなった。

わたしはシュートを外し続け、結局、この日は1本も決めることができなかった。チームは勝利を飾り、4連勝。だが、仲間たちが喜ぶ円陣の輪に加わる気持ちには、とてもなれなかった。

その後、散発的に試合に使われたが、ほぼ「コーナースリー」を打つだけの役割だった。コーナースリーとは、オフェンス時にコーナーに張り付き、スリーポイントシュートを狙う役割だ。

わたしが「折茂」であり続けるためには、これではダメだった。

シューターがコーナーにいることで、相手ディフェンスはそちらに気がいく。味方にチャンスを作れる。コーナースリーにはそんな大事な役割がある。

しかし、わたしは決してシューターではない。

コートに立ったら必ず勝負をしてきた。マークマンと駆け引きしてシュートチャンスを作り、点を取ってきた。それがわたしのスタイルであり、応援してくれる人がわたしに求めてきたことでもある。

コーナーで待つのが自分の役割なのか？　いや、そうじゃない。スクリーンをひとつかけてもらえれば、勝負できる自信はある。そこでシュートを外してベンチに下げられても、それならば納得もできる。もちろん、より重要な役割を任せてもらえなかったのは自分の力の足りなさが原因。だが、勝負する機会さえ与えてもらえないのだ。

曲がりなりにも27年間、バスケットボールで飯を食ってきた人間だ。否《いや》が応でも気づいてしまう。

「俺、戦力と思われてないな」

そして、わかったような気がした。

「みんなこうやって失って、辞めていくんだな」

わたしがなぜ、50歳になる年まで〝勝負〟をし、「打ち切る」ことができたか。それは試合に出続けることができたからだ。必要とされてきたからだ。逆に、どんなに経験を積んできても、試合勘を失ってしまうと、とたんに打ち切れなくなってしまう。まさにこのときのわたしだ。

野球に例えると、スタメンの選手と代打の選手くらい、プレッシャーが違う。スタメンの選手は、9回までに4打席から5打席回って来る。ある意味、その中で結果を出していけばいい。でも、代打で出た選手は、たった1打席で勝負しなければならない。その感覚だ。これは、めちゃくちゃ難しい。

バスケットボールで出場時間が長い選手は、その中で試し打ちもできるし、パスをもらうシチュエーションも多い。言わば、プラスのスパイラルが生まれる。一方、短い時間しか出られないと、1本にかかるプレッシャーは大きくなり、シュートを打てるシチュエーションも限られ、試合勘も鈍っていく。

この状態に陥ると、復活するのは難しい。経験など、まったく役に立たない。試合勘は、どんなに自分を追い込んでも、練習だけでは絶対にとり戻せないからだ。相手、会場の雰囲気、勝負に懸ける気迫……。練習と試合は、何もかもが違うのだ。

これがきっと、スポーツ選手特有の引退の図式だ。

そして、すべてがこんがらがってしまった。チームは自分に何を求めているのか？ 自分は何をすべきなのか？ 葛藤も日増しに大きくなっていった。

いつの間にか、こう思うようになっていた。

「シーズンの途中だけど、もう辞めようかな」

盟友からのアシスト

これまでも、うまくいかないシーズンはあった。しかし、それは試合に出た上で結果を残せなかったという話だ。試合にも出られない、数字も残せないラストシーズンとは雲泥の差だ。

アスリートもひとりの人間だ。そこには感情があり、思いがある。当然、わたしもそうだ。

27年目にして、コートに向かうときのメンタルが一番きついシーズンとなった。

病気が発覚したとはいえ、例年と変わらない量のトレーニングをこなし、ケガをしているわけでもない。もちろん、自分の力不足なのだが、「勝負さえさせてもらえれば……」

という自信は一切消えていない。だからこそ、現役を続けているのだ。

気持ちのコントロールが利かなくなっていた。

こんなときに相談できる相手は、ひとりしかいなかった。彼の答えが欲しかった。

佐古賢一（ケン）に電話を掛けた。

「チームに必要とされてない」

「正直、キツイ」

「もう、辞めようと思う」

正直に気持ちを打ち明けた。

聞いていたケンが出した〝答え〟という名のパス。さすがはナンバーワンのポイントガードという的確さだった。

「オマエ、俺を見ててカッコ悪いと思ってた？」

ケンも引退前は出場時間が限られていた。5分程度しか出場できないこともあった。

「それでも俺は、その5分のために毎週、準備したんだよ」

カッコ悪いと思ったことなどなかった。

さらにケンは、「確かに、試合に出る上で覚悟は大事なものだと思う」と、それが定まらないわたしの心境に理解を示しながらも、「辞めるのなんて、いつでもできる」と続けた。

「オマエには、今シーズンを続ける責任がある。俺は折茂のファンとして、レバンガのファンとしてオマエを見に行く。そしてそれは俺だけじゃない。北海道には、日本には、オマエを応援している人がたくさんいる。だから、やっぱり責任があるよ。そういうものを背負っているからこそ、レジェンドなんだと思う。だからダメだよ。最後までやる責任があるよ」

彼にしか言えない言葉だった。気持ちが翻った。この言葉がなかったら、わたしは間違いなく途中で辞めていたと思う。

ケンがいてくれて、本当に良かった。感慨に浸るわたしに、彼はさらなるダメ出しを続けた。昔から、わたしが嫌がるようなことでも、遠慮なく言ってくれる。だから彼に相談するのだが、今回もそうだった。

「あと、いまのオマエ、全然ダメ。真ん中に座れよ、真ん中に」

ベンチの端でつまらなそうに戦況を見つめているわたしに対してのダメ出しだった。

「みんなオマエのこと見てるよ。選手も、ファンも。試合に出ようが出まいが関係ないんだよ。オマエの影響力はでかいんだから。チームメイトのナイスプレーに立ち上がって喜んだら、それだけでチームも客席も勢いづく。それがチームってもんじゃないのか。俺はどんなときもベンチの真ん中に座ってたよ。だから、そんな顔して端っこに座ってちゃダメ」

めちゃくちゃ怒られたが、ぐうの音も出なかった。

この日を境に、わたしは最後までやり抜く決意を固めた。

ベンチの位置は、いきなりは不自然なので、少しずつ真ん中に近づいていくことにした。

オールスターゲームとドンペリ

バスケットボールを楽しいと思ったことがない、と書いた。

現役生活27年目までは、本当にそうだった。

それが最後の1年、たった一度だけ「楽しい」と感じた試合がある。

2020年1月18日に行なわれた、オールスターゲームである。

「ありがとう――」

あんなふうにファンのみなさんにこの言葉を発したのは、おそらく初めてだったと思う。

もちろん、感謝の気持ちはその機会があるたびに表してきたが、ああいう形で思いを伝えたことはなかった。

用意していた言葉ではなかった。

本拠地「北海きたえーる」で行なわれたオールスターゲームの最後の挨拶で、口を衝《つ》いて出た。

「北海道、ありがとう」

楽しいと感じることのない、戦いの日々。

勝たなければ意味がない、数字を残さなければいけない……。さまざまなことを背負いながらプレーをし、日々を過ごした。

しかし、あのオールスターゲームでプレーした時間だけは楽しかった。27年目のシーズンにして、初めて味わった感覚だ。

トヨタ自動車時代から数えると16回目の出場だが、Bリーグになってからは、自分にとって最初で最後となったオールスターゲーム。

B.BLACK（2つのチームに分かれて対戦するその一方の名称）のPG／SG枠に第一位となる投票数で選出してもらい、選手たちも敵味方なく敬意を示してくれた。北海きたえーるの雰囲気も、普段とは一味違っていた。お祭りのような空気感の中で、あれだけの選手たちとプレーができ、MVPも獲ることができた。

特別な時間だった。

日本代表で一緒だった双子の兄弟・竹内公輔《こうすけ》、譲次と同じチームでプレーできたこともうれしかった。コートには苦楽を共にしてきた桜井良太もいて、ホッとする瞬間もあった。

北海道の人たちの熱、そして思いも体で感じることができた。

引退を前にしたわたしへの、最高の贈り物だった。

こんなプレゼントをくれるんだ――。

うれしさから、自然と出てきた言葉が「ありがとう」だったのだと思う。

14点しか取れていないのにMVPをもらうのは少し負い目もあったけれど、自分らしいプレーもできた。中でも、開始11秒で決めた先制点のプレーには、わたしのすべてが集約されていたと思う。

マークマンの富樫勇樹《とがしゆうき》がわたしにつく。そこに公輔がスクリーンに来る。そのスクリーンを使って富樫のフェイスガードをかいくぐり、シュートへ。

本当にわたしがやってきたことのすべてと言っていいくらいのプレーだった。

第4クォーターは、両チームとも勝利を目指して、かなり〝ガチンコ〟でやり合った。これも良かったと思う。

「オールスターはお祭りではあるけど、ダラダラとプレーする姿をファンは望んでいないはず。真剣勝負をする場面があってもいいんじゃないか？」

かねてから進言してきたことだ。当時のBリーグのチェアマン・大河正明さんにも伝えていた。

試合前のミーティングの際、大河さんから「折茂君から何かある？」と〝振り〟を入れられ、「ケガをしない程度に、ガチでいこう」と選手たちに伝えた。みんな、それを体現してくれた。

あれだけの選手たちが、真剣勝負も交えながら、自分たちの持ち味を発揮してくれた。観てくれた子どもたちにとっても、北海道にとっても、日本のバスケットボール界にとっても、非常に意味のある試合だったと思う。

ちなみに、わたしは「オールスターでMVPを獲ったら、賞金の100万円は〝打ち上げ〟代に全部使う」と宣言していた。

有言実行した。

「来たいやつはみんな来いよ」

敵味方関係なく声を掛けたところ、15人も集まった。「アルマンド」「クリスタル」「ドンペリ」……高級なシャンパンが次々と開けられていった。

年俸は、若い選手のほうが高いのはわかり切っている。だが、金があろうとなかろうと、すべてを支払った。

こんなに楽しい夜は久しぶりだった。

新型コロナウイルスの感染拡大

開幕からの連勝は「4」で止まったものの、最初の10試合は6勝4敗。チームとしては上々の滑り出しだった。

だが、年が明けて2020年に入ったあたりから、勢いは陰りだした。

スタートダッシュは、未完成で与《くみ》しやすいチームとたまたま当たっただけの話だった。

弱さの原因は、「徹底」ができていないこと。ヘッドコーチの指示のもと、チームとしてやらなければいけない決め事があり、それを徹底することで戦術の精度は上がっていく。

しかし、それができていないのだ。

それは「個」の弱さでもあった。自分は何を求められ、何をしなければいけないのかを考える力がまだまだ弱いのだ。

バスケットボールは団体競技だが、まずは個々がしっかりと自分の役割や仕事を認識しなければならない。その上で、チームとしての決め事や規律を徹底する。それができているチームは強い。それが、「勝者のメンタリティ」である。

逆に、できていないのがこのシーズンのレバンガ北海道だった。

そしてもうひとつ、チームの歯車を狂わせた要因があった。

新型コロナウイルスだ。

北海道は、日本で一番早く感染が広まった。一時は国内最多の感染者数となり、ほかの地域に先駆けて独自の緊急事態宣言も出された。

チーム内にも動揺があった。特に外国籍選手は、「家族のいる母国に帰国できなくなるのではないか」と練習に100％集中できる状況ではなかった。

チームが同じ方向を向けなくなっていった。

もちろん全国のどのチームでも状況は同じだが、北海道は影響を受けた時期が、どこよりも早かった。

突然の幕切れ

相変わらず、出場時間も役割も、限られていた。

自信も完全に失っていた。

だが、もう「出る、出ない」は関係ない。ケンからの言葉で、「折茂武彦として」最後までやり切ろうと腹はくくれていた。

一方で、新型コロナウイルスは全国的な広まりを見せていた。

そんな中で行なわれた、2020年3月15日のアウェー・川崎ブレイブサンダース戦。2019－20シーズンとしては最長となる15分7秒に出場した。

「異様な」という表現が相応《ふさわ》しい状況下で、その試合は行なわれていた。

無観客試合だった。

新型コロナウイルスの影響だった。27年間、バスケットボール選手を続けてきて、初めての経験だった。

第3クォーター、残り4分28秒。3ポイントシュートを決めた。通算1万2238点、わたしの最後の得点だった。

その試合から約2週間後、Bリーグが残り全試合の中止を決めた。

50歳になる年まで現役を続けられた理由。それは「みんなが必要としてくれたから」だ。

だからこそ、無念でならない。

レバンガ北海道のブースター、そして応援してくれたすべての人たちに見てほしかった。最後に自分がコートに立つ姿を届けたかった。そこだけは本当に無念だ。

わたしの思いとは裏腹に、ラストシーズンはあまりにもあっさりと終わってしまった。このような形で「終わり」が来ることもまた、想像していなかった。

最後に刻まれた「後悔」

現実なのか、そうじゃないのか。その間にいるような感覚だった。

不完全燃焼というわけではない。「悔しい」とも違う。自分のせいでもないし、誰かのせいでもない。

仕方のないことだと、頭では理解している。だが、実感が湧かなかった。

「こんな感じで、こうもあっさりとバスケットボール人生が終わってしまうのか」

心にぽっかりと穴が空いたような気持ちが続いた。

「100%そんなことはあり得ないね」

昔から言い続けていたことを思い出した。

先にも書いたようにスポーツ選手は全員、「やり残したこと」「後悔していること」のオンパレードだ。引退する際、「すっきりした気持ちです」「やり残したことはありません」と言う選手もいるが、わたしはそれを見るたびに「あり得ないだろ」と思っていた。

実際、最後のシーズンのわたしがそうだった。

27年間のバスケットボール人生を通してみても、「あのとき、ああしていれば良かった」「若いときにこうしていれば良かった」という後悔は山ほどある。

一番の心残りは、レバンガ北海道で優勝争いに絡むことができなかったことだ。

当然、やるからには優勝を目指していた。しかし、そこにまったく届かなかった13年間。

ファンのみんなの「ガンバレ」を思い出すたびに、申し訳ない気持ちになる。

だが、それもアスリートの宿命だと思うしかないのだ。

それに、すべてが思ったとおりになったとしたら、それはそれで、きっととてもつまらない。

これが映画か何かだと考えれば、「ストーリー性が濃くて、面白い」と思えるはずだ。ハッピーエンドで「シャンシャン」と終わるより、人の記憶にも、印象にも残るはずだ。

そう思うしかない。

一方で、最後のシーズンの苦悩が自分の記憶に刻まれてしまったことも確かだ。もしかしたら、10年後くらいには笑って話せる日が来るのかもしれない。だが、いまはとてもそんな気分にはなれない。

いまの偽らざる気持ちを記すと、こうだ。

「もうバスケットボールはしない」

体力的なことではない。心の問題だ。

「まだできる」

そう思えたまま辞めていたら、心持ちは違ったのかもしれない。

2020年5月3日。引退会見はオンラインで行なわれた。

長い現役生活が、ついに終わった。

そういえば、初代チェアマンの川淵さんがこんなツイートをしてくれた。

「折茂さん。長い間日本のバスケットボール界を牽引してくれてお疲れ様でした。代表のエースとして活躍していた時代、バスケと言えば折茂でした。北海道に移った時は何で？と思った記憶があります。そこで経営者としての手腕を発揮された事で今のクラブの存在があります。今後は経営者として日本一へ!!」

第6章
日本バスケットボール界の未来

37年間――。

わたしがバスケットボールに取り組んできた時間だ。

いまの人たちからすると、考えられないような時代も経験した。

だが、過去は変えられない。否定もしたくない。

大切なのは「いま」、そしてそれに続く「未来」だ。

変えなければならないことがある。

貫くべきこともある。

北海道の、そして日本のバスケットボール界の未来のために。

これが、本書のラストメッセージだ。

「ない」中で勝ち筋を探す

「レバンガ」は売らない

近年、Bリーグのチームのm&A（合併・買収）が増えている。

2018年には、広島ドラゴンフライズが英会話教室でお馴染みの「NOVAホールディングス株式会社」に株式を譲渡し、その子会社となった。2019年には、Bリーグ屈指の人気チーム、千葉ジェッツがIT大手「株式会社ミクシィ」の傘下に入った。

いま、バスケットボールは〝買い時〟なのかもしれない。

野球やサッカーと違い、買収にかかる金額は〝お手頃〟だし、これから伸びていく可能性も大いに秘めているスポーツだ。

Bリーグとって、これはとても良い流れだ。大きな資本が入れば、チームの運営資金は潤沢になり、選手にも多くの給料が支払われることになる。これまではできなかったような施策も打てるようになるだろう。

事実、千葉ジェッツは、ミクシィのグループ子会社になることで、1万人規模のアリーナの建設にこぎつけた。

画期的だと思った。リーグの活性化にも強く寄与していくだろう。

では、レバンガ北海道に同じような話が来たらどうするか。

それは、わたしたちが投資に値するという評価であるから、ひとつの成功だ。

それでも、わたしは簡単には売らないだろう。

それがいくら大きな金額であっても、だ。

このチームには歴史がある。

「北海道」に支えられて存続してきたという歴史だ。

母体となる企業を持たずに立ち上がった。消滅という悲劇も経験した。それでも「いま」があるのは、本書で何度も書いてきたように、地域の企業、そして「人」と「思い」が支えてくれたからに他ならない。

つまりそれは、レバンガが「道民のみんなのチーム」であることも表している。誰のものでも、どこの会社のものでもないのだ。

『北海道から「人」に「社会」に感動を届け、世の中を笑顔にする。』という企業理念は、そのためにある。


何より、これからわたしたちは、恩返しをしていかなければならない。

レバンガ北海道の立ち上げから9年間、ずっと助けられてきた。「北海道」に〝おんぶに抱っこ〟だった。これは絶対に「返す」。最後まで責任を持ってやり抜く。

まずは、勝つこと。大資本が入ることで、チーム間の〝格差〟は広がっていくかもしれないが、そこで勝つ方法を見つけ出すことが、わたしの大きな仕事になる。

勝つことは、チームの価値を上げることに繋がり、スポンサードしてくれている企業への恩返しに直結する。ブースターも喜んでくれるだろう。北海道が一丸となって大きなチームを倒す。これほど面白いことはない。

M&Aという大きな波が起きている中でも、いままで以上に地域に密着し、クラブを成長させていく。この決意に揺るぎはない。

どちらが正しいという話ではない。繰り返しになるが、リーグとしては歓迎すべき流れだ。

しかし、わたしには貫くべきことがある。

「北海道から明日のガンバレを。」

行動で示していく。これからのわたしを見てもらえれば、わたしのレバンガへの、そして北海道への「思い」「覚悟」「情熱」が本物であることを信じてもらえるはずだ。

「北海道」と共に歩んできたレバンガだからこそ、できることがある。こうした他のチームとの切磋琢磨が、日本のバスケットボールをより高みへと導いていくだろう。

Bリーグをもっともっとメジャーに。「夢」や「思い」はまだまだある。

育成に懸ける夢

クラブの経営と共に、自分が果たすべき大きな役割があると考えている。

若手や子どもたちの育成と強化だ。

引退してから約一カ月後、わたしはレバンガ北海道ユースチームおよびバスケットボールアカデミーのデベロップメントアドバイザーに就任した。これからは後進の育成にも最大限の力を注いでいく。

いま、八村塁や渡邊雄太がＮＢＡで活躍している。彼らのすごさは言わずもがなだが、バスケットボール界全体のことを考えれば、単発ではダメなのだ。

世界に通用する選手が絶え間なく出てこそ、日本のバスケットボールが真に発展したと言える。

そのために必要不可欠なのが、育成・強化だ。

そこが世界と比べて遅れてしまっている。

国内のトップリーグで27年、学生時代も入れると37年、バスケットボールに取り組んできた時間とそこで得たものを、可能性にあふれた子どもたちの未来のために還元していきたい。

そこには忘れられない原点がある。

「俺たちの時代で日本のバスケットボールを変えよう」――。ケン（佐古賢一）と誓い合った夢だ。

日本代表に初めて選ばれた頃の記憶を紹介したい。

※

合宿所から近所のコインランドリーまでの道のりが、途方もなく遠く感じられた。

ユニフォームがパンパンに詰まった袋を背負っているからだ。大量の汗が染みこんだユニフォームの塊は、恐ろしく重い。当時のユニフォームはいまと違い、速乾機能など付いていない。ビチョビチョに濡れた雑巾が袋一杯に入っているようなものだ。

トヨタ自動車に入って2年目、念願の日本代表のメンバーに選ばれた。

日本にいる数十万人のバスケットボール選手、その頂点にいる12人に選ばれたのだ。「技術もメンタルも優れた選手たちと日の丸を背負って戦えるんだ」と、素直にうれしかった。

しかし、実際に入ってみると、思い描いていたものとはまったく違う世界が待っていた。やることといったら、練習とユニフォームの洗濯だけ。年少組だったわたしとケンに与えられた代表チームでの役割、それが〝洗濯係〟だったのだ。

高校時代からスター選手としてその名を知られ、大学時代から代表入りしていたケンですら、若手であることには変わりない。どんなに実力があっても洗濯係。それほど、当時の日本バスケットボール界の年功序列は絶対的だった。

必死になってコインランドリーまでユニフォームを運び、洗い、乾かす。合宿所に戻ったら、それをすべて綺麗にたたみ、先輩の部屋まで持って行く。不在だったら持ち帰り、また持って行っての繰り返し。

さすがに、そのためだけに呼ばれているというわけではなかったが、当時の日本代表のスタメンは、ほぼ〝指定席〟で年少組が試合で使われることはまずなかった。

リーグ戦で活躍していなくても、どんなにコンディショニングが悪くても、「名前」と実績がある選手が呼ばれ、試合に出ていた。わたしたちのような若手は、どんなに調子が良くてもせっせと洗濯をするだけ。そういう世界だった。

学閥の問題もあった。代表監督が描いた選手選考よりも、「どこの大学の出身者が何人入っている」といった事情のほうが優先されていた。

ケンと2人で、疑問は抱いていた。だが、まだわたしたちにバスケットボール界を変えるだけの力はなかった。

だから、若い頃の代表の思い出は、ケンとコインランドリーに行っているときのことしか思い浮かばないくらいだ。

「やってらんねーな」

「俺たちの時代で変えないと」

洗濯機の中でぐるぐると回る日の丸のユニフォームを見ながら、わたしたちはそんなことを語り合っていた。

天才・佐古に学ぶ

ケンと初めて出会ったのは、高校2年生のときの年末だ。

全国高校選抜の合宿に、わたしも呼ばれた。

わたしが通っていた埼玉栄高校は、インターハイに出場できるレベルではあったものの、上位に食い込めるほどの実力は持っていなかった。「埼玉から誰かひとり連れていこう」という協会の意向で、たまたま呼ばれただけだった。

わたしはケンのことを知っていた。「北陸高校の佐古賢一」と言えば、当時のバスケットボール少年で知らない者はいないほどの存在だった。

当然、〝佐古賢一〟は遠い存在だった。あまりよく覚えていないが、初めて話しかけたとき、わたしはケンを「佐古さん」と呼んでいたらしい。そしてそのとき、なぜか「スリーポイントシュートで勝負してくれませんか？」と対決を持ち掛けたという。あっさりと負けたそうだ。高校時代はスリーポイントシュートなど打ったことがなかったのに、なぜそんな行動に出たのか、いまだに謎だ。

ケンはわたしに対して「こういうヤツがいるんだな」くらいの印象しかなかったそうだ。だが、次の年のインターハイでわたしが得点王を取ったことで見る目が変わり、認めてくれるようになっていった。

彼のポジションはポイントガード。チームの司令塔の役割を担う選手だ。一方のわたしは、点を取ることをずっと役割としてきた。

その違いは、性格にも表れていて、キャプテンシーがあり、周りに気を配れて、時には自分を押し殺すこともできるケン。それに対して、極度の負けず嫌いで、他人のことなどまったく考えられないわたし。それなのに、なぜか馬が合った。

2人とも「やんちゃ」な部分があったからかもしれない。高校卒業後、佐古は中央大学に進み、日大のわたしとはライバル関係にあったが、プライベートではよく遊んでいた。互いの寮を行き来し、よく語り合った。わたしの実家にも遊びに来て、いつの間にか父親や母親とも仲良くなっていた。互いの彼女を紹介し合い、ときにはダブルデートもした。

いつしか、「佐古さん」を「ケン」と呼ぶようになっていた。

各世代の代表の合宿でも、常に行動を共にした。飯を食うのも一緒。コンビニに行くのも一緒。しまいには風呂も一緒に入るようになった。

「お〜」

「たまんね〜」

ふざけ合いながら、体も洗い合った。それをどこからか聞きつけたファンの間で、「あいつらは愛し合っている」という噂がまことしやかに流れたのは、いまでは笑える思い出だ。

合っていたのは人間性だけではない。ケンとは、とにかくバスケットボールの相性が抜群に合った。

年代別の代表時代、わたしとケンのホットラインが一番多くの得点を生んでいた。

スペースに走り出して手を挙げると、いつもその瞬間に彼からのパスが届いた。ケンは天性のセンスに加え、わたしのイメージや意志を感じ取る能力も抜群だった。スクリーンを掛けて、空いているスペースに入り込む。ケンも同じ絵を描き、「ここしかない」というタイミングとコントロールでパスが送られてきた。

また、そのパスの質が異次元だった。

彼はボールの「目」まで合わせて来たのだ。

バスケットボールは皮と皮を張り合わせて作られているが、その境界線にできるのが「目」だ。

シュートを打つときに大切なことのひとつに、キャッチングがある。ボールが手に収まった瞬間に、シュート動作に入れる適切な箇所を持てるかで、得点の可能性が上下するといっても過言ではない。キャッチングが悪いと、手の中にボールがしっかりと収まらず、次の動作にブレやロスが生じてしまうからだ。

そしてそのキャッチングがうまくいくか否かの大きな要素に、ボールの目がある。ケンはボールに絶妙な回転を掛け、しっかりと手と目が合うようにパスを送ってくれるのだ。いまのポイントガードを見回しても、そこまで考えてパスを出している選手は聞いたことがない。

得点をする側の選手にとって、こんなにありがたい存在はいなかった。

社会人になってもライバル関係のまま。同じチームでのプレーが実現しなかった以上、負けたくなかったし、負けるつもりもなかった。試合になれば当然、「ケンカモード」だった。一方で、選手としての実力と才能、そして人間性の素晴らしさは、ほかの誰よりもわたしが認めていた。

「ケンとなら、日本のバスケットボールを変えられる」。本気でそう信じることができた。

これからはその戦いにも力を入れなければならない。

新しいバスケットボール界を

ケンと描いた「日本バスケットボール界」の未来は、ちょっと想像とは違う形でいま進行している。

ここからは、私見として、経験してきたことから考えうる「未来」について、課題も含めて書いていきたい。

折に触れて語ってきたわたしの若い頃の話は、初めて知る人からすると「あり得ない」「ひどい」と感じるだろう。しかし、そういう時代だった。

「はじめに」にも書いたとおり、過去をすべて否定したいとはどうしても思えない。

実際、行き先は自由ではなかったが、大学時代に出会った監督やコーチは、いまでもかけがえのない存在で、恩師だ。特に、日大の川島淳一《かわしまじゅんいち》監督は厳しかったけれど、「勝利」へのこだわりと「試合に出ること」の大事さを教えてくれた。

入学してすぐ起用するには勇気が必要だったと思う。ひょろひょろの小僧を我慢して使ってくれた。そしてプレーについて寛容な目でわたしを育ててくれた。加えて、人間性という部分ではとても厳格に指導をしてくれた。言葉遣いやルールに対して、いかにそれが大切であるかを教えてもらったものだ。

もちろん、わたしの過去を読んでいただいてわかるとおり、それを常に実践できていたわけではない。ファンに対してひどい態度をとったのは事実だ。

しかし、それが間違いだったと北海道に行って気づけたのは、このときの指導という「基本」があったからではないだろうか。

言い訳のように最後に書くが、わたしはいつだって誰に対しても、「ひどい言動」をしていたわけではない。先輩やチームメイトに対して、ふだんは人一倍、礼節を大事にして行動していたつもりである。

過去が変わらないのは絶対的な事実である。

そして、それがあった上で「いま」があることもまた事実。

そういう意味では、多くの人たちの協力を得て日本に唯一のプロリーグができ、年々そのファンを拡大できているということにおいては、「過去」はひとつの遺産となっていると思う。

大事なこともあったし、変えなければならないこともあった、それだけのことだ。

だから、日本バスケットボール界の未来についても、「いま」にフォーカスしながら前進していくべきだと思っている。

そして、ここから——最後になるが——わたしが「いま」感じている課題や、バスケットボール選手としてのこだわり、考え方について間口を広げて書いていきたい。

日本人主体のリーグへ

いま、Bリーグについて一番、危惧していること。それは「外国人主体」のリーグとなってしまっていることだ。

発足当初、Bリーグは、外国籍選手を同時起用できるのは各クォーター最大2人まで、40分間を通して合計6人までというレギュレーションを敷いていた。

例えば、第1クォーターから第3クォーターまで2人の外国籍選手を起用し続けた場合、その時点で上限の「合計6人」に達してしまうため、最後の第4クォーターでは外国籍選手は出場できなくなる。クォーターごとに外国籍選手を「2−2−2−0」と割り振る形だ。

一般的だったのは、「1−2−1−2」もしくは「2−1−2−1」と振り分けるパターン。また、外国籍選手2人と帰化選手を併用することもできなかった。いずれにせよ、しっかりとした制限が設けられ、日本人選手とのバランスが取られていたのだ。

だから、どのクラブにもチャンスがあり、日本人選手も活躍できた。

対戦相手が第1クォーター「1−2−1−2」で来るなら、こちらは「2−1−2−1」で。そんな戦略から競った試合展開が生まれ、多くの番狂わせも起きた。

しかし、2018−19シーズンからは、全クォーターで外国籍選手が2人同時に出場できる「オン・ザ・コート2」のルールが採用された。さらには、帰化選手の併用まで可能となった。

バスケットボールのコートに立てるのは5人だけだ。この改正によって、5人中3人を外国出身の選手が占めるチームが出てきた。これでは、どこの国のリーグかわかったものではない——正直、そう思った。クラブ単位で見ても、資金力の有無がより鮮明な戦力分布になる。

レバンガ北海道の浮き沈みの要因のひとつも、そこにあったと言っていい。外国籍選手の調子が良ければ勝つ、逆に機能しなければ負けてしまう。どちらに転ぶかは〝助っ人〟次第、そんな有りさまだったのだ。

なぜ、外国籍選手に頼るのか。答えは簡単で、B2に落ちたくないからだ。

B2に落ちると、チームの運営の仕方はまったく変わってきてしまう。まずはB1と比べてメディアに取り上げられる機会が圧倒的に少なくなる。そのぶん、スポンサー収入も大きく落ち込む。トップ選手が集まるカテゴリーではないから、観客動員も打撃を受け、チケット収入も少なくなる。つまりは経営規模の縮小を余儀なくされてしまうのだ。

「うちは外国籍選手も、帰化選手もいらない」

「助っ人も出すけど、ちゃんと日本人選手にも出番を回して強化する」

そんな余裕があるクラブはどこにもない。

「何がなんでもB1で戦い続けたい」

それが各クラブの経営陣の本音だ。だから、目先の勝利に走ってしまう。

2020－21シーズン以降は、それがより先鋭化するのではないかという思いもある。試合にエントリーできる外国籍選手が、これまでの2人から3人に増えるのだ。これによって、ひとりをベンチに休ませ、出ているほかの外国籍選手が疲れてきたら交代させるというローテーションを組むことが可能になり、常にフレッシュな状態の助っ人が2人コートにいることになる。

「日本人選手の競技力向上」

「スタンダードを世界基準に」

Bリーグはそう謳う。

しかし、外国籍選手しかボールを持たない。彼らの調子が良ければ圧勝、ダメなら惨敗――。それが果たして、ファンが求めるBリーグの姿なのか。

日本人選手の年俸も頭打ちになるだろう。このレギュレーションでは、有力な外国籍選手を補強することが優勝、またはB1残留への近道ということになる。そこに注入した資金のしわ寄せが行くのが、日本人選手だからだ。彼らの士気の低下が心配だ。

このルールは、少なくとも2021-22シーズンまでは続くという。

「帰化選手の制限を解除したら、いずれ大変なことになりますよ」

Bリーグの理事を務めていた時代から（わたしは2017年から2年間、Bリーグの理事を務めていた）、ことあるごとにこの問題提起をしてきた。しかし、残念ながらその声は届かなかった。

もちろん、そのメリットもわからないでもない。Jリーグでは世界のトップで活躍した外国人選手が、ファンを魅了し、「勝者のメンタリティ」を植え付け、サポーター（バスケットボールで言えばブースターだ）の熱気を生んだ。NBA出身の選手が増えれば、そうした効果もあるかもしれない。けれど、先にも書いたとおりバスケットボールではコートに立てるのは5人しかいないのだ。

その点は、大きくほかのスポーツと異なる特徴だ。ここは忘れてはならない。

日本のリーグである以上、もっと日本人が活躍し、試合に出て経験を積むべきだ。

それこそが、「日本人選手の競技力向上」に繋がる道であるはずだ。

Bリーグにはまだ早い

「スタンダードを世界基準に」

Bリーグはそうビジョンを掲げているが、わたしはまだ早いと思っている。

まずはしっかりと、Bリーグを盤石なものにするべきだ。

レバンガ北海道をはじめ、それなりの観客を動員できるクラブはあるものの、リーグ全体としてみれば、まったく安心できない状態だ。

すべてのクラブが、いつでも5000人の会場を埋められるようになる――。それが本当のスタートだと、わたしは思っている。

言い切ってしまえば、5000人が集められないようでは、プロスポーツとして「話にならない」ということだ。

プロ野球を見てほしい。平日開催でも、数万人のファンを集めている。「人が少ない」といわれる試合でも、最低10000人以上は動かす。

それに対して、バスケットボールはどうだろう。平日開催で動員できるのは、平均するとその何分の一かに過ぎない。

「平日開催だと人を集められない」

バスケットボールチームの関係者がよく口にする言葉だが（レバンガ北海道のスタッフもだ）、プロ野球を鑑みれば、それが言い訳に過ぎないことがよくわかる。

なぜ、――特に平日開催では――試合会場が埋まらないのか。単純に、Bリーグのバスケットボールに魅力がないからだ。そう考えることからスタートすべきだ。

「忙しいけど、何とかスケジュールを調整して観に行きたい」と思わせるレベルに達していないのだ。

もちろん、そう思われることはわたし自身、悔しい。しかしその点を無視していてはいけないと思う。

だから、まだ早い。

第一にやるべきことは、先ほども触れたが、日本人選手が活躍する場を作り、その地位もしっかりと上げることだとわたしは思う。

確かに、外国籍選手のレベルは高い。しかし、彼らが長年クラブに居続ける可能性は少ない。より良いオファーがあれば他国のリーグに移籍するし、母国への愛着もある。プロとして、人間として当然だ。

外国籍選手主体のチーム作りをすると、毎年のように選手が入れ替わることになる。そんなチームを心から応援したいと思えるだろうか。このチームを支えようと思う人たちがたくさん出てくるだろうか。

日本人選手が長い間活躍すれば、そこに共有できるストーリーが生まれ、よりファンとの距離は近くなり、その熱量がさらにクラブを魅力的なものにする。選手も多くの経験を積むことでレベルアップし、試合の価値も自身の価値も高めていく。

その延長線上にこそ、常に５０００人を動員できるＢリーグの姿があるとわたしは思っている。

まずは、そこを目指したほうがいい。その上で、将来的に外国籍選手を２人にする、帰化選手も入れるというなら、大いに賛成できる。

Ｂリーグが最後のチャンス

これまで、日本のバスケットボール界には、なんども〝チャンス〟があった。

一番大きかったのは、漫画の『ＳＬＡＭ ＤＵＮＫ』だろうか。あの作品で、日本に空前のバスケットボールブームが訪れた。それまで見向きもしなかった人たちがマイケル・ジョーダンやスコッティ・ピッペンについて語り出し、エアマックスを始めとするバスケットボールシューズはファッションとしても定着した。

田臥勇太が海を渡り、日本人初のNBA選手になったときもそうだ。その活躍が一般紙の一面をかざるほどの注目を集めた。スポーツ紙の一面ならまだしも、一般紙の一面は、それまででは考えられないことだった。野茂英雄さんやイチローさんがメジャーリーグに挑戦したときのような扱いだった。

ほかにも、世界選手権の開催、NBAのスター集団「ドリームチーム」の来日など、バスケットボールをメジャー競技にするチャンスが何度もあった。しかし、選手も、チームも、リーグも、それを生かすことができなかった。

2011年、チームの代表になり、当時のリーグの会議に出たことで、思い知ったことがある。

日本のバスケットボール界が発展しなかった原因だ。

心の底から残念な会議だった。まだ実業団チームが8割以上を占めていたから、仕方がない一面はあるものの、会議に集まるのは、決裁権のない人ばかり。だから、「一旦、持ち帰ります」と言うばかりで、その場では何も決まらない。参加者も毎回コロコロと変わるため、一向に話は進まない。珍しく話し合いがなされたとしても、的外れなことを言う人ばかりだった。

実際に選手にヒアリングをした上での意見や、データをもとにした議論があったことは、ほとんど記憶にない。

「不毛なやり取り」――そう思ったこともあった。

「こんな会議しかできないからバスケットボールはメジャーになれず、プロリーグにもなれずにここまで来てしまったんだ」と納得した。正直に言えば、bjリーグを作った彼らの気持ちもわかる――そうとまで思った。

Bリーグが発足し、だいぶ改善は進んだ。だが、そんな歴史の犠牲になったのは選手たちだ。

事実、当時の女子U-19日本代表が、FIBAからの制裁により、世界選手権出場の権利を剝奪された。U-19世界選手権は、一生に一度しか出られない大会だ。大人たちの「覚悟」と「情熱」のなさのせいでそうなったのであり、誰がどう責任を取るのかという話だ。

あのような会議が繰り返される裏で、泣いている選手たちがいた。その気持ちを忘れることなく進んでいかなければならない。

Bリーグが正真正銘の最後のチャンスだ。

このリーグが失敗してしまったら、間違いなく日本のバスケットボールに未来はない。だから、わたしは嫌われようが、煙たがられようが、どんどん意見を言っていく。選手時代からそうだったのだから、これからはもっと〝うるさく〟なるかもしれない。

絶対に、バスケットボールをメジャーにしてみせる。それが、わたしを育ててくれたバスケットボールへの最大の恩返しだからだ。

選手目線の経営

選手を続けながらチームの代表を務める。ジレンマやハードスケジュールには悩まされたが、もちろん利点もあった。選手の視点に立った経営が行なえることだ。

宿泊施設にはできるだけ大きなベッドがあるところを選んだり、遠征時の移動もコンディションに配慮するなど、選手がプレーに専念できる環境づくりを心掛けた。いずれも、自分が選手として現場で感じたことを反映させたものだ。

その中で、現役の最後まで整備することができなかったのが練習場だった。

レバンガ北海道は専用の練習場を持っていなかった。決まった練習場所がなく、前日まで練習場所が決まらないこともあった。

第1章でも触れたように、冬場に〝廃体育館〟で練習したこともあった。

あれはいまでもよく覚えている。暖房設備もない。そもそも電気が通っていない。苦肉の策でジェットヒーターを4機入れたが、午前中からいくら焚《た》いても、四隅には氷が張っているような環境だった。しかも、やがてそのジェットヒーターが1機壊れ、2機壊れ、最終的には全部壊れて、マイナス10度近い寒さの中での練習を余儀なくされた。

手がかじかんで、バスケットボールどころではなかった。

公式練習場を持つことは、クラブ創設以来――いや、レラカムイ時代からの課題であり、念願だった。

そして2020年1月、その実現を発表できた。

廃校になった札幌市内の小学校を、新たな教育施設に改修して運営する地元の学校法人「大藤学園」から申し出を受けての発表だった。

施設の子どもたちが体育館を使わない平日午後の時間帯に、レバンガ北海道の練習場所として体育館を使わせてもらえることになったのだ。

しかも、教育施設は改修工事中にも関わらず、体育館はわれわれのためにいち早く工事に取りかかってくれた。今シーズンの始動から、選手たちは研磨と塗装を終えたピカピカのコートと、一人ひとりの専用スペースがある、どこかNBAのような空間で練習をしている。そのロッカールームはどこにでもカバンを置きたいと思える。

初めて見たときは喜びのあまり、言葉を失った。強くなって、勝利を届けて恩返しする――。こうした思いはどんどんと増幅させられていく。

本当に、わたしたちは地元に支えられている。なんと感謝を伝えていいかわからないくらいありがたい。

一方で、少しいまの選手たちに嫉妬した。

なんで、俺が辞めてから。

でも、逆に言えばもう環境を言い訳にすることはできなくなったということでもある。

子どもたちの夢となり、目標となるようなクラブになれるよう、一歩一歩ではあるが、歩みを進めていきたい。

ファンを呼ぶストーリー

Ｂリーグができて大勢の観客が試合会場を埋め尽くし、ＮＢＡで日本人選手が活躍する——。わたしが若かった頃には想像もつかなかった世界が日本のバスケットボールに広がっている。

だが、寂しく感じる部分もある。

「やんちゃな選手」がいないのだ。わたしたちの時代と比べれば、バスケットボールのレベルは各段に進歩している。ただ、真面目で優等生な選手ばかりという印象もある。「ストーリー」を感じづらいのだ。

一人ひとりが「観客を呼べる」選手にならないと、プロとは言えない。その点で言うと、「人はストーリーがないところには興味を示さない」という思いがある。いま、日本で観客を呼べる選手は田臥と富樫くらいだろうか。

いくら技術がすごくても、観客を呼べなければ、プロ選手としての価値はまだまだだ。過去のわたしがブースターのことを顧みなかったように、北海道で「プロ」の意味を知ったように。

例えば、選手10人がそれぞれ1000人の観客を呼ぶことができれば、それだけで1万人だ。レバンガ北海道は平均約3700人を動員しているが、いったいひとりあたり何人の観客を呼べているのか？　わたし以外の「名前」が出てきてくれなければ困る。かくいうわたしだって年寄りがプレーしているのを興味本位で観に来てくれていただけかもしれない。

ファンを集めるだけの価値がある選手をどう育てていくか。

それもクラブの責任だ。

「やんちゃ」なことが許されづらいこの時代だが、ストーリーのある選手が出てくれれば、それはそれで面白いと思う。

おわりに

シューターではない

一瞬だけ、フリーになれた。

2019年1月5日、アウェーの「ウィングアリーナ刈谷」で行なわれたシーホース三河戦。

相手のマークは、相変わらず厳しかった。肘を持っていかれたり、立っているだけで手に絡まれたりと、執拗だった。

「48歳にこんなにマークをつけることないんじゃない？」

勘弁してくれよ、と思う反面、それはモチベーションにもなっていた。相手チームが、自分を警戒している、敵として認められていると思うと、闘志が湧いてきた。

第4クォーター、残り3分38秒。味方のスクリーンで、前にスペースができた。入り込んだ瞬間、パスが来た。少し体勢は崩れたが、フリースローライン近くからシュートへ。

いつもどおりのプレーで決めた、いつもどおりの2得点。

場内の4面ビジョンに「10000得点おめでとう」の画面が映し出された。アウェーだが、相手のブースターも拍手を送ってくれた。

日本のトップリーグで日本出身の選手が10000得点を達成したのは、わたしが初めてだ。メディアも「金字塔」「快挙」などと大々的に報じてくれた。

だが、この数字をもってほかの選手と比べることは、あまり意味のないことだと思っている。昔とは、バスケットボールのシステムが変わってきているからだ。

トヨタ自動車時代くらいまでは、スターターがフル出場することも珍しくなかった。交代しても、ひとりか2人という試合が多かった。

その出場する40分トータルでゲームプランを考えるから、20点を取ることなんて、当たり前。言い方は悪いが「簡単だった」。

実際相手チームもよく言っていた。

「折茂には20点までならやっていい」

トヨタ自動車時代、わたしは攻撃のファーストオプションだった。だから、40分で最低20本はシュートを打てる。その半分を決めれば、20点。当たり前のように、それくらいのスコアを残せた。

しかし、現代のバスケットボールはそうではない。ベンチ入りメンバー12人がフル稼働し、入れ代わり立ち代わりしながら戦うやり方が主流になってきている。40分フル出場など、よほどの事情がない限りあり得ない。

出場時間が限られる中で、ファーストオプション以外の選手にとってシュートチャンスはそうそうない。個々が取れる得点の機会が、いまと昔ではそもそも違うのだ。

だから、「10000得点」だけにフォーカスを当てても、意味がない。

比べることに意味はない。だが、10000点はわたしという選手の歴史そのものでもある。それに、得点は常に追い求めてきたものだ。だから、プレースタイルも若いときからずっと変わっていない。

わたしはよく、周囲からスリーポイントシュートを得意とする「シューター」と呼ばれる。しかし、自分をシューターだとはまったく思っていない。わたしは「スコアラー」である。

2017年11月4日の琉球ゴールデンキングス戦で、スリーポイントシュートを3本決めた。これで通算成功数1000本。日本ではトップの記録らしい。

そういう目立つ数字があって「シューター」と言われるのだろうが、全得点数（当時の通算得点は9000点以上）のたったの3割弱だ。6000点あまりは、違うプレーで積み重ねてきたわけだ。

これが6000点をスリーポイントシュートで記録していたのなら、「シューター」と言われても納得する。

だが、わたしは違う。

得点の約7割を、ゴール付近や、ドライブや、ミドルシュートで積み重ねてきたのだ。

スリーポイントシュートは、スリーポイントエリアがフリーだから、その位置で打っただけのこと。例えば、アウトナンバー（オフェンスの人数がディフェンスの人数より多いシチュエーション）でボールを運び、コーナーが空いた、といった形だ。

そこにはなんのこだわりもない。わたしにとっては、フリースロー3本でも、バスケットカウントによる3点でも、同じことだと思っている。

相手ディフェンダーと駆け引きをし、勝負をしてシュートチャンスを作り、得点を決める。それがわたしのスタイルだ。

何より、駆け引きが楽しかったし、それこそが勝負を左右する。

ときには、〝姑息〟なこともしてきた。

相手も研究をしてくるため、どういうスクリーンプレーでわたしがノーマークになろうとしているのか、大抵は予想されてしまう。そんなときは、セットプレーの最中に舌打ちをしたり、「おいおい、やられたな」などと残念がってみせたりする。そうすると、マークマンはセットプレーが失敗した（相手からすれば〝折茂対策〟が成功した）と思う。その気が弛んだわずかな一瞬に〝ボン！〟と出るのだ。


繰り返すが、わたしはシューターではなくスコアラーだ。

大学時代まではダンクシュートを決めていた。

桜井良太らチームメイトからは「絶対、嘘」「誰も証言できないからって、あんまりそういうことは言わないほうがいいっすよ」などといじられるが本当だ。当時、写真や動画が撮れるツールが普及していなかったことが悔しい。

爪へのこだわり

選手時代、毎年、シーズンが終わったときに必ずする「儀式」があった。爪を短く切ることだ。最終戦が終わった直後のロッカールームでパチリ、パチリと切り落とす。そうすることで、いいことも悪いこともあったシーズンに区切りをつけるのだ。

だが、最後のシーズンは、なかなか切ることができなかった。

残り全試合の中止。ラストマッチは無観客試合――。まさか、あんな形で現役生活が終わってしまうとは、夢にも思わなかった。気持ちの整理がつかなかった。それこそ、現役生活への区切りをつけることができなかったのだ。

それほど、バスケットボール選手・折茂武彦にとって、爪は大切なものだった。

※

シーズン中、右手中指の爪は、指先から5㎜くらいの長さで調整していた。一般的な男性は、1~2㎜くらいだろうか。普通と比べても長いのに、バスケットボール選手としては、なおさら珍しい。相手にケガをさせる危険もあることから、嫌がられることも多かった。

だが、この爪がわたしのシュートの生命線だった。

手のひらにボールを乗せて、指先からシュートを放つ。最後の最後で微妙な感覚の調整を行なうのが、右手中指の爪だった。

ボールが爪にかかって出ていくとき、「シャカッ」という音がすれば、それはいいフォームで打てている合図。きちんと体を使えて、最後まで指でリリースできているからこそ、「シャカッ」と音がする。

逆に言えば、爪が鳴らないということは、フォームが乱れている証拠だった。力の加減を調整したり、マッサージを受けたりしてフォームを整えた。

伸ばし始めたのは、中学生時代。

確か、切るのが面倒になったのがきっかけだったと思う。そのままプレーを続けていたら、それに慣れてしまった。ボールが爪に引っかかる感覚も、しっくりくるものがあった。そしていつしか「シャカッ」という音が、自分の中での調子のバロメーターとなっていた。

高校時代に切ったこともあったが、違和感だらけで、シュートを打つことすらできないような有りさまだった。

あれからずっと、伸ばしてきた爪。「なんだあいつ」「どうして切らないんだ」と奇異の目で見られることもあったが、爪がなければ、10000得点も、いまのわたしも存在しなかったと言える。

もう、いいんだな——。

最後の試合となった川崎戦の後、一カ月ほど経って、ようやく爪切りに手を伸ばした。選手としての自分を諦め、覚悟を決めた瞬間だった。

そして伸ばすこともなくなった爪。わたしのスコアラーとしての人生は終わった。

※

華やかな演出の中で、熱いブースターに囲まれながら試合ができる。

しかも、その試合はインターネットを通じて、すべて配信されている。八村塁といった世界レベルの選手も出てきた。憧れ続けたオリンピックも日本で開催されようとしている。

アマチュアという存在でいることに疑問を抱きながら、閑古鳥が鳴く会場で試合をしていたあの頃には信じられないような世界がいま、広がっている。

もし、若い頃からこの環境でプレーできていたら――。

羨ましくないと言えば、嘘になる。

だが、苦しい中でも、必死にプレーを続けてきたわたしたち、そして先輩たちがいたからこそ、いまがあるのだとも思う。

たくさんの迷惑もかけてきたが、この国のバスケットボールの発展の一部に携わり、見届け、体感できたことは、かけがえのない財産となっている。

特に、わたしは〝生き証人〟ともいえる存在だ。日本リーグからBリーグ。そのすべてでプレーし、経営まで経験した人間は、わたしのほかには誰もいない（それだけ年齢を重ねたということでもあるのだが）。

本書を書くきっかけとなったのは、病気である。引退をする、と決めて「全部書きたい」という思いを持った。

不快に思った人もいるかもしれない。あくまでわたしの目線で見た出来事であることを付け加えさせていただく。

日本のバスケットボール界と北海道への恩返しはこれからだ。

まだあと10年は走り続ける。

その場所がコートではなくなった、ただそれだけだ。

２０２０年9月吉日　折茂武彦

WHITE
11

折茂武彦

TAKEHIKO ORIMO

1970年5月14日生まれ。埼玉県出身。Bリーグ1部（B1）に属する、レバンガ北海道代表取締役社長。2019-20シーズンまで27年間、選手としても活躍。ポジションはシューティングガード。1993年にトヨタ自動車(現アルバルク東京)でキャリアをスタートさせ、リーグ、天皇杯合わせて4度の日本一に貢献。2007年にレラカムイ北海道へ移籍、その後、経営難によりチームが消滅すると、2011年にレバンガ北海道を創設し、選手兼社長を務める。帰化選手を除く日本人初となる通算１００００得点を記録したほか、1994年に初出場した日本代表においても、2009年までの長きにわたり中心選手として活躍。Bリーグの理事なども歴任した。190センチ77キロ。

99％が後悔《こうかい》でも。

著者　折茂武彦《おりもたけひこ》

2020年10月14日　初版発行

構成　岡野嘉允
写真　花井智子、B.LEAGUE
装丁・本文デザイン　mashroom design
協力　レバンガ北海道、ZON、タイズブリック
校正　玄冬書林

発行人　菅原聡
発行　株式会社JBpress
〒105-0021
東京都港区東新橋2丁目4-1
サンマリーノ汐留6F
電話　03-5577-4364

発売　株式会社ワニブックス
〒150-8482
東京都渋谷区恵比寿4-4-9
えびす大黒ビル
電話　03-5449-2711

印刷・製本所　近代美術株式会社
DTP　株式会社三協美術

 ISBN 978-4-8470-9972-4　C0095